LEBENSWERT

LEBENSWERT

LEBENSWERT

Impulse für ein erfülltes Leben

GERHARD FRIEDRICH KUNZ
Herausgeber

INTRO

Grüß Gott,
Namasté,
ich begrüße dich herzlich!

Ich wähle das Du, weil ich finde, es könnte auch langsam Eingang in die allgemeine deutsche Sprache finden, nicht nur beim Kauf von Vasen, Geschirr und Möbelstücken im bekannten schwedischen Kaufhaus. Grüß Gott wird ja hierzulande gern und oft verwendet, doch was ist damit gemeint? Grüßt der grüßende Gott, soll der begrüßte Gott grüßen, oder grüßt man in dem begrüßten Gott gleichsam alles, die Existenz – in eben dieser Erscheinungsform des Gegenübers?

Ich war immer wieder in Indien und dort lernte ich den Gruß „Namasté“ kennen, was frei übersetzt heißt, „Ich grüße den Buddha in dir, die Essenz in dir, die in uns allen die gleiche ist, worüber wir alle verbunden sind.“

Die Essenz dieses Buches ist für mich auch, Menschen zu verbinden, die unterschiedlich sind und mit unterschiedlichen Methoden Menschen dabei begleiten, ihren Lebenswert, den Wert des Lebens zu erkennen, zu steigern, zu verbessern. So ist das Spiel des Lebens, das wir hier alle spielen, uns in dieser Getrenntheit zu erfahren und die Verbindung zum Ganzen mehr zu spüren und wieder zu finden. Dieses Buch ist ein kleiner Versuch, diesen Weg mitzugehen.

WIE KAM ES ZU DIESEM BUCH?

Schon in meiner frühen Kindheit entdeckte ich die Freude am Fotografieren. Ein Onkel kam immer wieder mit seiner kleinen Box-Kamera zu Besuch, und dann wurden verschiedene Fotos gemacht. Faszinierend war dabei auch dieser grelle Blitz, der immer mit dem Fotografieren einherging. Ebenso spannend war es, all die Menschen in dem kleinen Glasfenster in der Kamerabox zu sehen. Manchmal durfte ich ein Foto machen. Ich fand es spannend, die Erwachsenen so lange nach meiner kindlichen Anweisung herumzuschieben, bis sie in das kleine Fenster passten und dann den Hebel zu drücken, das grelle Blitzlicht zu beobachten und beim nächsten Besuch sah ich dann auf kleinen

Schwarz-Weiß-Bildchen mit Büttenrand das Ergebnis, das später in ein dickes Album eingeklebt wurde.

Als 12-Jähriger bei einem Schüleraustausch-Aufenthalt in England hatte ich meine eigene erste Instamatic-Kamera dabei. Nach meiner Rückkehr nach Wien bastelte ich mit Texten, Fahrkarten und gesammelten Kleinigkeiten ein eigenes England-Album. Immer wenn ich es durchblätterte, bekam ich unbändige Reiselust, die ich mir später auch erfüllt habe.

Die nächste Station war das Fotostudio des Fotografen Christian Skrein, bei dem ich mit 16 eine Fotografenlehre anfing. Aus den Familien- und England-Bildern wurden Mode- und Werbefotos, was mich zu einem sehr früh eröffneten eigenen Studio für diese Sparte führte.

Mit 25 habe ich all das intensiv ausgekostet, und es begann mich zu langweilen, ich wollte reisen und Neues erleben. Aber ich wollte nicht nur reisen, sondern woanders leben – das führte mich nach Berlin, Hamburg und in andere deutsche Städte, zu einer langjährigen intensiven Beschäftigung als Künstler.

Ich schrieb ein Buch über die Pop-Gruppe Abba, das immerhin bei Ullstein veröffentlicht wurde und zu vielen Radio- und Fernsehauftritten führte. Aber auch die Kunstwelt mit all dem Hinterhersein, den Galeristen, Museen und Sammlern und der Kunstpressewelt begann mich zu langweilen, obwohl sich ein gewisser Erfolg einstellte, ausgedrückt durch teure Bildverkäufe, Museumsankäufe, Medienberichte, die in mehreren Ordnern abgeheftet wurden.

Schließlich gelangte ich ins weiter entfernte Melbourne, wo ich noch einmal sehr intensiv in die Fotografie eintauchte, was viel Geld und auch viel Stress mit sich brachte. Ich fand mich irgendwann in einem esoterischen Buchladen wieder, sah Bücher zu Themen, von denen ich bisher gar nicht wusste, dass es sie überhaupt gibt, hörte Musik, die vorher gar nicht für mich existierte. Wenig später erlebte ich in einem Wassertank – einem Float-Center – zum ersten Mal, was Entspannung heißt. Und es begann eine neue Art Reise. Ich machte „wilde Workshops" mit Stuart Wilde überall auf der Welt. Warriors Wisdom nannte er das, mit Feuerlauf, Schwitzhütte, Vision-Quest und Black-Jack-Seminaren in der Nähe von Las Vegas. Alles lief auf das Zentrieren hinaus: Wenn du in einem Casino beim Spiel in dir ruhen kannst, dann geht das überall anders auch – das fand ich damals irgendwie stimmig. Ich landete wieder in Deutschland, nach einer Zeit in San Francisco, wo ich in Harbin Hot Springs auch das wunderbare Watsu, das Floaten im warmen Wasser kennen lernen durfte.

Ich machte mich also ohne es wirklich genau zu wissen auf eine Reise nach innen.

Meditation wurde für mich täglich so selbstverständlich wie Zähneputzen.

Die Arbeit – auch mit Fotografie für große Firmen wie Thyssen-Krupp oder Otto-Versand – rückte in den Hintergrund, geschah quasi von selbst. Ich lebte damals in Wuppertal komfortabel alleine, immer wieder in meinem Wohnzimmer meditierend auf der Couch. Gegenüber hatte ich ein kleines Tischchen mit Blumen, daneben einen leeren weißen Sessel.

Wenig später fand ich in Indien einen Meister, der immer wieder sagte: „This chair is empty", und mich auf diese Art und Weise wiederholt liebevoll aber nichtsdestotrotz sehr intensiv auf mich selbst zurückwarf. Besonders interessant war mein damit einhergehender neuer Name, mit dem mich diese Innenreise verband. Dort begannen mich auch alle möglichen Therapien zu interessieren.

Das war vor über 20 Jahren – nun folgt also ein Schnelldurchlauf, was seither in meinem Leben geschehen ist:

Bei einer intensiven Visionsgruppe kam heraus, dass ich ein großes, dickes Buch mit vielen, vielen Fotos machen möchte. Das hat sich dann etwas später verwirklicht und zwar zehnfach. Dieses Buch jetzt ist das elfte seiner Art und für mich das erste, das mir ein persönliches Herzensanliegen ist. Die Jahre zuvor, in denen ich all diese Bücher über das Wald- und Weinviertel, die Steiermark, das Burgenland und Wien gemacht hatte, waren für mich mein Leben am Marktplatz. Ich bewegte mich fotografierend unter Firmeninhabern, die ihre kleinen und großen Imperien leiten, mit Liebe und/oder Neurotik. Ich begegnete Haubenköchen und Winzern und lernte ungeahnte Genusswelten kennen. Ich sah Landschaften so nah und so außerordentlich schön, gleichwertig zu australischen Weiten, nur kleiner. Als Fotograf nehme ich immer nur Ausschnitte auf, von mir wahrgenommene Aspekte des Ganzen. Statt der früheren Foto-Shootings machte ich jetzt Aufnahmen – ich nahm freudig alles in mich auf.

Meine parallele Welt bestand aus intensiven Seminaren, Workshops, Satsangs, Aufstellungen, Beratungen … Und so gehe ich immer noch freudig weiter. Wichtige Menschen dabei waren mir Osho, Veeresh und viele andere Freunde in Holland; Samarpan, ein Meister der Stille; die immer wieder sehr inspirierende Greta Adolf-Wiesner und seit kurzem Yod Udo Kolitscher, den zu beschreiben gleich wieder einiges an Textplatz einnähme, aber er ist ohnehin im Buch vertreten. Danke, ja – und viel Lebensfreude, Feiern und Tanzen, Fühlen und Spüren, mit allen Sinnen im gegenwärtigen Moment.

So und jetzt wieder zu diesem lesenswerten Buch. Es begann ganz langsam in mir der Wunsch zu keimen, einmal ein Buch zu veröffentlichen über Themen, die mich selbst interessieren. Mit Menschen, bei denen eine direktere Begegnung möglich ist als in der Glitzerwelt, in der ich mich früher oft bewegte. Oder durch die man lernen kann, gerade auch in der Glitzerwelt präsenter zu sein und so den Glitzer wirklich zu sehen und zu spüren – wie als Kind vor dem Weihnachtsbaum und nicht distanziert, leicht gelangweilt im Szene-Restaurant „Zum goldenen Regenwurm" zu sitzen mit Fettfleck-Ängsten wegen der Edelmarkenhülle, schnell Slow-

Food essend, aus den Augenwinkeln Vergleiche analysierend und natürlich echt französischen Teurpagner zu trinken, wieder einmal eigentlich zu schnell, weil darauf achtend, was ich jetzt für einen Eindruck aussenden will, damit meine innere Leere … ich bitt' Sie, welche Leere? Ha Ha! Danke, mir geht's gut!

Ich freue mich, dass in diesem Buch Menschen zu finden sind, die Wege aufzeigen können, damit es einem wirklich, wirklich gut geht. Einer meiner weiteren Wege findet sich auch als Beitrag am Ende dieses Buches. Die Wege mögen so verschieden sein wie all diese Menschen, aber das passt auch zu den vielen verschiedenen Leserinnen und Lesern dieses Buches.

Diese Verschiedenheit – ich erlebe sie immer wieder auf wunderbare Weise bei meinen vier Kindern, Carola, Max, Joshua und Tamino, ebenso auch bei meinem hinzugekommenen Bonus-Kind Samuel. Sie kamen zu unterschiedlichsten Zeiten in mein reiches Leben, vor 40 Jahren, vor 30 Jahren, vor 14 und vor 2 Jahren – danke euch wunderbaren Wesen, danke auch den wunderbaren Frauen, durch die sie in diese Welt gekommen sind, besonders der einen – nein, sie ist nicht meine bessere Hälfte – wir gehen immer mehr als eins und eins ist Eins (das Ganze), statt halb und halb ist Eins – durch's Leben – Namasté, Birgit. Neben all den Selbsterfahrungen waren und sind dies meine intensivsten Lebens-Erfahrungen.

Möge also die Vielzahl der Texte und der Fotos einen ganzen Eindruck von Lebenswert ergeben, und möge es uns alle dieser Ganzheit ein wenig näher bringen, das wünsche ich mir, den Beteiligten in diesem Buch und allen, die dieses Buch in ihren Händen halten und einen sinnlich-visuellen Eindruck bekommen können, eine kleine Ahnung davon, wie viel Freude mir diese ganze Arbeit gemacht hat.

Danke allen, die dazu beigetragen haben, besonders dir und dir und dir natürlich auch!

Deva Pramesh · Gerhard Friedrich Kunz

INHALT

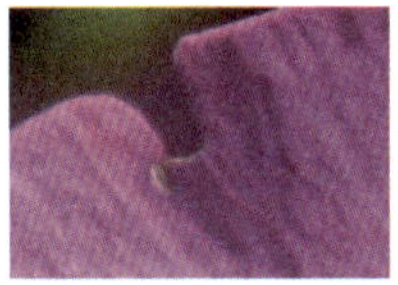

GESTALTUNG · ARCHITEKTUR · GEOMANTIE · INSTITUTE · ZENTREN

LEBENSWELTEN LEBENSWEISEN LEBENSWEITEN

RAUM UND BEWUSSTSEIN

Raum im Außen – Raum im Innen – Raum

Ich sah empor,
und sah in allen Räumen eins.

Rumi

Feng Shui hat uns erinnert. Die Energie des äußeren Raumes wirkt auf den inneren Raum des Menschen und umgekehrt, unser innerer Zustand beeinflusst die äußere Umgebung – ein ständiges grenzenloses Fließen von Energie, das nirgendwo haltmacht!

Die feinenergetische Qualität eines Ortes hat direkten Einfluss auf die dort lebenden Menschen, sie ist ein unverkennbares Maß für Lebensqualität! Die meisten Menschen nehmen diese energetische Ebene unbewusst wahr. Es gibt Plätze, an denen wir uns „grundlos" wohlfühlen oder eben nicht.

LEBENSQUALITÄT UND ATMOSPHÄRE

Alles Sichtbare ist Ausdruck von Energie, mit den Methoden der Quantenphysik ist das bereits nachweisbar. Die Wahrnehmung der Welt und des Lebens bleibt nicht nur auf die physische, sichtbare und sinnlich greifbare Ebene beschränkt, sondern bezieht die feinstofflichen, unsichtbaren Ebenen eines Ortes, Hauses oder Raumes mit ein. Diese feinstofflichen Aspekte können mit Begriffen wie Atmosphäre, Ausstrahlung, Schwingung oder Energie beschrieben werden. Wir nähern uns dieser Ebene über bewusstes Spüren und Sensibilisieren der Wahrnehmung.

Radiästhetisch kann man die energetische Qualität oder Schwingung eines Ortes messen und klar darlegen. Orte mit viel Lebenskraft = viel Lebensenergie = hohe Schwingung sind uns als „besondere Orte" bekannt, als strahlende Räume oder Kraftplätze in der Natur. An solchen Orten kommen wir wieder in Übereinstimmung mit uns selbst, in unseren ureigensten Rhythmus, zu unserer inneren Kraft.

RÄUME GANZHEITLICH ENERGETISCH GESTALTEN

Es liegt nahe, unsere Wohn- und Arbeitsräume auch in solche Orte der Kraft zu verwandeln, mit einer Fülle an Schönheit und Lebensenergie. Räume, die strahlend auf uns zurückwirken, auf unseren Körper, unser Bewusstsein, unsere Emotionen und Gedanken, nährende Räume für den ganzen Organismus. Mit einfachen Maßnahmen der energetischen Reinigung und des Energieaufbaus, dem Einsatz von stimmigen Formen, Materialien und Farben sowie wohltuender Beleuchtung und Lichtqualität lassen sich unsere Räume rasch zu spürbaren Lebensräumen wandeln, wo wir gut schlafen, motiviert arbeiten, uns aufladen, vital und gesund leben. Welch wundervolle Kraft würde von öffentlichen Bereichen wie Grünflächen, Schulen, Universitäten, Spitälern, Thermen, Kaffeehäusern etc. ausgehen, wenn sie Orte strahlender Energie wären, eine Energiewelle für die ganze Stadt und all ihre Bewohner!

DIE KRAFT DES RAUMES

Jetzt und jederzeit steht uns die Möglichkeit zur Verfügung, im eigenen inneren Raum zu beginnen – selbst ein Ort der Kraft zu sein und unserem inneren Strahlen Raum zu geben: der unmittelbare, direkte Weg! Nach dem Gesetz der Resonanz antwortet das Außen auf das Innen, da es auf energetischer Ebene keine Trennung gibt. Das führt uns noch tiefer in die Wahrnehmung von Raum, von Raum an sich, dem Zwischenraum, der Leere zwischen den Dingen … erfüllter Leere. Wie wirkt Raum, wenn wir nicht die begrenzenden Wände fokussieren, sondern den unsichtbaren Inhalt? Was wird durch Raum in uns Menschen zum Schwingen gebracht?

DIE HEILSAME WIRKUNG VON RAUM

Mystikern aller Zeiten war die Bedeutung und Wirkweise von Raum, der Leere, bekannt. Mittlerweile kann dieses alte spirituelle Wissen auch von der Wissenschaft bestätigt werden. Achtsames Wahrnehmen von Raum wandelt, verwandelt unseren inneren Zustand. Sobald wir den Fokus unserer Aufmerksamkeit auf leeren Raum richten, reagiert unser Inneres. Unser Herz

Das Unmanifeste ist in dieser Welt nicht nur als Stille präsent; als Raum durchdringt es auch das gesamte physische Universum – von innen und von außen. Und genau wie die Stille ist es leicht zu verpassen. Jeder achtet auf die Dinge im Raum, aber wer achtet schon auf den Raum selbst?

Eckhart Tolle

und unser Bewusstsein dehnen sich aus, Gedanken kommen zur Ruhe, ein neuer Raum in uns öffnet sich. Ein Raum von unendlicher Weite und Verbundenheit mit allem was ist, ein Raum von tiefem Frieden und Stille. Eckart Tolle nennt in diesem Zusammenhang den Raum Portal zum Unmanifesten. Was sagt uns das für den Alltag? Das unmittelbare, bewusste Wahrnehmen von Raum – im Innen oder im Außen – öffnet uns jederzeit das Tor zu unserem Innersten, unserem essenziellen, ewigen Sein. Das zentrale Geschenk des Raumes.

Raum ist überall, in der Weite des Himmels oder einer Landschaft, in unserem Herzen, im Inneren unseres Körpers, zwischen den Fassaden der Straßenfronten und den Wänden und Möbeln unseres Zuhauses. Je mehr wir dieser Qualität Raum – der Leere und Stille – in unserem Leben und Bewusstsein Aufmerksamkeit schenken, umso mehr kann sich unendliche Fülle, Freude, Schönheit und Frieden in uns ausdehnen und wirken.

DIE AUTORIN

DI Cordula M. Bachner-Beranek
ganzheitliche Architektur, Energiearbeit, Bewusstseinstraining

Architektur ist für mich die Kunst des Raumes, Kunst im heilenden Sinn, die über sich selbst hinausweist. Das bedeutet für mich und meine Arbeitsweise, die Qualität Raum als Tor zu unserer inneren Ganzheit in unserem Alltag, in unseren Wohn- und Arbeitsräumen erlebbar zu machen. Das Heilsame ist der Raum selbst, der „gestaltete leere Raum", der unser innerstes Sein, unser Herz, anspricht und ihm Raum zur Entfaltung gibt.

www.solunia.at

Wichtiger noch als das, was der Raum spricht, ist das, worüber er schweigt. Adolf Loos

SOLUNIA® LEBENSRÄUME CORDULA M. BACHNER-BERANEK

Räume der Kraft, Orte des Lichts - ganzheitliche Lebensqualität in unserer neuen Zeit!

Will man die Essenz benennen, die sich hinter der Marke solunia® verbirgt, so ist das wohl Lebensqualität, Lebensenergie, harmonische Gestaltung, einfühlsame Begleitung.

Dem individuellen Sein der Menschen wird hier Raum gegeben, Räume von Kraft und Ausstrahlung entstehen.

1997, kurz nach Abschluss des Architekturstudiums gründet Cordula Bachner-Beranek ihr ganzheitliches Atelier. Architektur versteht sie als künstlerisch-energetische Dienstleistung mit dem Ziel, Räume hervorzubringen, die ihre Bewohner nähren und balancieren. Wesentliche Wohnbedürfnisse und Herzenswünsche werden aufgespürt, bevor die Gestaltung beginnt.

Die Konzeption basiert auf ganzheitlichem Know-how, die Geburtshoroskope der Bauherrn dienen als innere Landkarte, Feng Shui, Radiästhesie, Geomantie und Energiearbeit sind weitere Bausteine. Es geht um Reduktion auf das Wesentliche – stimmige Raumqualität in Einfachheit, Schönheit, Natürlichkeit!

Das Schaffen von nachhaltigem Wohlgefühl und Lebensqualität sowie feinenergetischer Energieanhebung im Wohnbereich und in der Arbeitswelt stehen im Mittelpunkt – von Wohnberatung

über Licht- und Farbkonzepte, Umbau, Neugestaltung bis zur Gesamtkonzeption von Häusern und Gärten reicht die kreative Palette.

Darüber hinaus begleitet Cordula Bachner-Beranek mit der von ihr entwickelten Technik der herzzentrierten Bewusstseinsarbeit seit vielen Jahren Menschen, die zu ihrer ureigensten Freude und Kraft zurückfinden und ihr inneres Potential umfassend leben wollen – „im tieferen Sinn von solunia – das Strahlen der einen Sonne durch jeden von uns!"

DI Cordula M. Bachner-Beranek · Frimmelgasse 4/1B · 1190 Wien
+43.1.319 55 95, mobil: +43.0699.110 17 659 · www.solunia.at

CO-HOUSING AM FRIEDRICHSHOF

Was brauche ich für ein gelungenes, erfülltes Leben?

Der Friedrichshof ist ein großzügiger Platz (ca. 25 ha) mit gewachsener Infrastruktur, Offenheit und vielfältigem Potenzial. In Planung sind etwa 30 Wohneinheiten unterschiedlicher Größe sowie entsprechende Gemeinschafts-Einrichtungen. Eine Besonderheit ist auch, dass es die Möglichkeit gibt, direkt an unser Bauprojekt angrenzend einen biologischen Obst-/Gemüse-Garten (1,4 ha) zu bewirtschaften.

Wir leben in Gemeinschaft in gegenseitigem Respekt und Unterstützung, in Herzlichkeit und gegenseitiger Förderung im persönlichen Wachstum, verbunden mit dem Bewusstsein von Eingebettet-Sein in die Natur und in eine Ganzheit. Wir gehen von einer Grundfrage aus, die auch das Herzstück des Projektes ist: Was brauche ich für ein gelungenes, erfülltes Leben?

Co-Housing ist eine Wohnform, die sich in Skandinavien und in den USA entwickelt hat und sich schon seit Jahrzehnten bewährt. Es ist eine geplante Gemeinschaft, die einerseits unser menschliches Bedürfnis nach Selbstständigkeit und Gestaltung abdeckt, gleichzeitig jedoch auch das Bedürfnis nach natürlichem sozialen Eingebunden-Sein, nach aktiver Nachbarschaft und nach gegenseitiger Unterstützung.

Durch die Integration des Projektes in das Areal des Friedrichshofes ergeben sich eine Reihe von Synergien wie zum Beispiel die Nutzung der Sauna mit Badeteich, Sporteinrichtungen, Kinderspielplätzen, Beachvolleyballplatz, Werkstätten und vieles andere mehr.

Römerstraße 1 · 2424 Zurndorf · +43.650.811 65 80
www.cohousing-friedrichshof.at · www.friedrichshof.at

ATELIER DEUBNER

Für ein umwelt- und menschengerechtes Bauen

Umweltgerechtes Bauen bedeutet heute vor allem drei Dinge: ökologisch vertretbare Baustoffe auswählen, den gesamten Lebenszyklus der Gebäude einbeziehen und energieeffiziente Gebäude mit minimalen Betriebskosten planen.

Für menschengerechtes Bauen steht heute die flexible Nutzung im Vordergrund, besonders der Wohngebäude. Die rasant steigende Zahl an Singles und AlleinerzieherInnen erfordert neue Wohnformen wie Baugruppenmodelle oder Co-Housing-Projekte. Entgegen dem heutigen Trend, die Städte der Zukunft als Hauptwohnorte zu definieren, treten wir für die Aufwertung des ländlichen Raumes ein – mit sinnvollen ökologischen Bauten und neuen sozialen Strukturen als wichtiger Grundlage für eine lebenswerte Zukunft.

Unsere Projekte Ökosiedlung Gärtnerhof und Co-Housing Lebensraum sowie das geplante Co-Housing am Friedrichshof sind zukunftsweisende Beispiele dafür. Diese drei Anforderungen stellen wir in den Mittelpunkt unserer Projektkonzepte: bei Siedlungen, öffentlichen oder privaten Bauten.

Atelier für naturnahes Bauen
Hochwaldstraße 37/5a · 2230 Gänserndorf
+43.2282.70 28 90 · www.atelierdeubner.at

JOSEF VOLSA

Mit Geomantie Wohlfühl- und Kraftorte schaffen

Josef Volsa macht aus jedem Ort mit Hilfe der Geomantie einen Wohlfühlort ohne bauliche Veränderungen vorzunehmen. Er arbeitet international und kommt überall dort zum Einsatz, wo es um das Thema Wohlfühlen geht. Sowohl bei Privatpersonen mit Schlafproblemen als auch bei Firmen, Hotels, Diskotheken oder Gärten.

Ob bei Banken (Raiffeisen zählt etwa zu seinen Kunden) oder in Privathäusern, die jeweilige Ortsqualität wird genau an die Bedürfnisse des Kunden angepasst. Dazu wird erhoben, welche Emotionen ein bestimmter Ort auslösen soll, wie dieser Ort genau auf den Auftraggeber oder dessen Kunden wirken soll. Das Fotos rechts zeigt Kraftorte im Hotel Weber in Bad Schönau, welche von Künstlern gestaltet wurden.

Draschestraße 13/5 · 1230 Wien
www.volsa.com
www.sentirsi.at

ARCHITEKTUR UND HEILUNG

DI CLAUDIA SCHUMM

Mehr als Architektur

Es geht nicht um Ihr Haus, es geht um Ihr Leben.

Seit 1996 arbeitet Claudia Schumm als Architektin mit dem Schwerpunkt Feng Shui für private Wohnobjekte, Unternehmen und Heilräume. Zahlreiche Krankenhausprojekte im In- und Ausland hat sie 2004 in ihrem Buch „Feng Shui im Krankenhaus – Räume für die Seele", Verlag Springer Wien/NewYork, dargestellt.

Die Wunderfrau … richte dein Leben neu ein!

In der 2010 von Karin Kraml (ehem. Resetarits) produzierten TV-Pilotsendung „Die Wunderfrau – richte dein Leben neu ein" können Sie miterleben, wie Claudia Schumm bei ihren einzigartigen Wunder-Beratungen gemeinsam mit den BewohnerInnen Wohnräume in Wohlfühlplätze umgestaltet. Zu sehen auf der Homepage www.architekturundheilung.at/wunderfrau.

Holen Sie sich Inspirationen und Ideen für Ihre eigene Wohnsituation! Ab Herbst 2012 werden auch in der „Blauen Lagune" Blitz-Feng-Shui-Beratungen und Wohlfühlplanungen angeboten.

Schloss Baumgarten · 3061 Ollersbach
+43.664.187 77 88 · www.architekturundheilung.at

Idee einer Feng-Shui-Gestaltung für U-Bahn-Stationen am Beispiel Karlsplatz
Claudia Schumm 2008, Grafik: Wilhelm Singer

DER RAUM

RAUM zum Erfahren

Raum bedeutet in einer ersten Assoziation immer Leere. Vier Wände, eine Decke, ein Fußboden, Fenster, Türen. Bewohnen wir diese Objekte, gestalten wir sie: sachlich, verträumt, edel, kunterbunt. Wir spiegeln darin unser Innenleben wider. In diesen Räumen erfahren wir Momente des Glücks, der Trauer, der Zufriedenheit, der Nachdenklichkeit. Oftmals sind die eigenen vier Wände der einzige Ort, um dem Alltag zu entfliehen.

Vor mehr als 20 Jahren hatte ich die Idee, Menschen Raum zu geben. Raum zum Erfahren zur Verfügung zu stellen, ob allein oder gemeinsam mit anderen Menschen. Einen Ort, der Platz für Innenschau bietet. Der RAUM ist spartanisch und dennoch schillert er in so vielen Farben, ist lebendig, geduldig, still und laut, unaufdringlich. Die Menschen haben dem RAUM in 20 Jahren eine Seele gegeben und darin ihre Herzen gebildet! Diese Erfahrungen haben mich geprägt und weiterentwickelt. Mir hat der RAUM in diesem Sinne eine Plattform geboten, um zu experimentieren. Oder um es in den Worten eines lieben Freundes zu sagen, ich konnte mich darin üben, „einmal öfter aufzustehen als hinzufallen". Diese banale Formel ist die Basis für Veränderung, mit RAUM schaffe ich den Boden dafür.

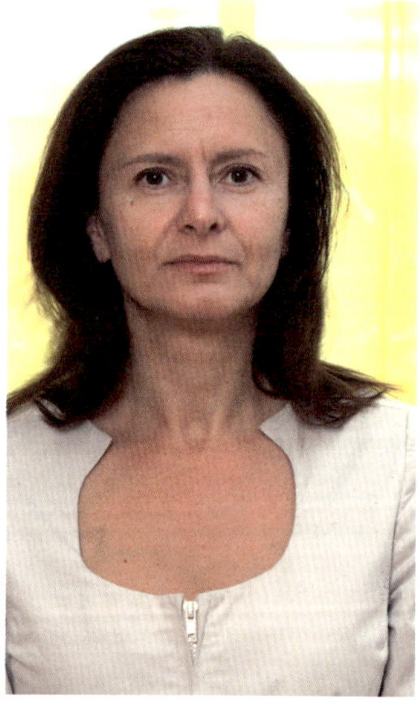

Erika Niranjana Lahninger
Hollandstraße 7/4
1020 Wien
+43699.172 12 921
www.raum.cc

PRAXIS AM TABOR

Natürlich in guten Händen

Im Jahr 2007 wurde die Praxis am Tabor von Barbara Leither-Hejl eröffnet. Was als Ein-Frau-Unternehmen begann, ist nun zur Praxisgemeinschaft herangewachsen: neben Heilmassagen, Manuellen Lymphdrainagen oder Reflexzonenmassagen werden hier auch Physikalische Therapien, Osteopathische Behandlungen, Shiatsu, Aromatherapie usw. angeboten.

Jeder Therapeut bringt seine Erfahrungen ein und so kann bei sämtlichen Beschwerden des Bewegungsapparates, aber auch bei anderen Erkrankungen geholfen werden. Persönliche Betreuung in entspannter Atmosphäre, fernab von Zeitdruck und Hektik wird hier gelebt.

Beim Training in Kleingruppen im Bewegungsraum kann man bei „Zeit für mich“ lernen, sich zu entspannen, es gibt Pilates, Rückenfit und Yogastunden für Kinder und Erwachsene.

Das alles in liebevoll ökologisch eingerichtetem Ambiente, mit Bio-Massageölen und Ökostrom … hier ist man „natürlich in guten Händen!“

Am Tabor 4 · 2353 Guntramsdorf
+43.699.819 36 901
www.praxisamtabor.at

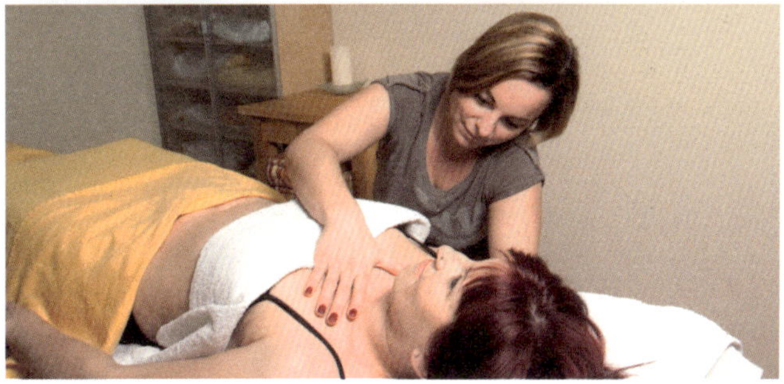

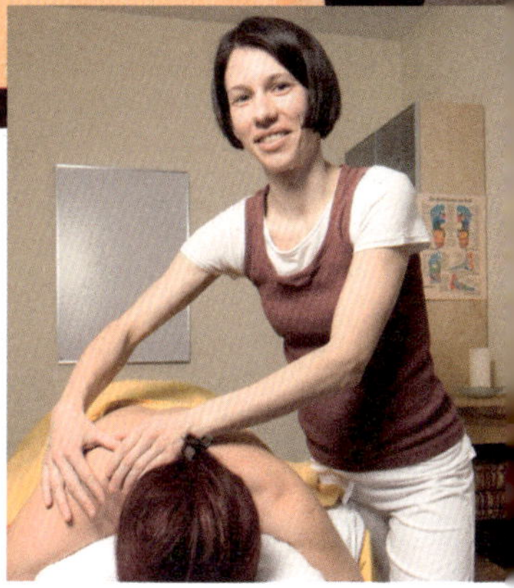

BIOTIC INSTITUTE

Seminarzentrum und Gesundheits-Produkte

Man betritt den Innenhof und fühlt sofort, dass dies ein besonderer Ort ist. Das Biotic Institute im Herzen des Waldviertels. Heute ist es ein Seminarzentrum, vor wahrscheinlich 600-800 Jahren gehörte die Mühle zum Schloss Schwarzenau. Recherchen haben ergeben, dass sie nach dem goldenen Schnitt gebaut wurde und noch dazu auf einem Kraftplatz steht. Malerisch an der Thaya gelegen bietet sie alles, was das Herz begehrt: Viele beschauliche Plätze am Fluss, gemütliche Aufenthaltsräume, Pianobar, Buddha Lounge, Tiroler Alm. Zwei Seminarräume, beheizter Feuerplatz, eigener Spazierweg zur Wehr … In letzter Zeit finden sich immer mehr Hochzeitspaare ein, die diesen besonderen Platz buchen wollen.

Yod Udo Kolitscher ist Gründer und Leiter des Biotic Institutes. Er hat mit seinem Team die ehemalige Modlisch-Mühle zu dem gemacht, was sie heute ist: ein Freiraum für Ruhe, Rückzug und Regeneration mit einem Topangebot an Seminaren, alle persönlich geleitet von „Yod", wie die meisten zu ihm sagen.

Wenn man ihn hört, dann schöpft man Hoffnung. Denn leicht nachvollziehbar erklärt er komplizierte Zusammenhänge der menschlichen Psyche. Manche haben Yod durch eine DVD kennen gelernt. Aber es gibt auch direkten Kontakt. Im Satsang oder in einem Kurs über Kindheit oder Beziehungen. Senkrechtstarter, die

BIOTIC INSTITUTE AUSTRIA

es wissen wollen, buchen die „Biotiversity“, einen Transformationsprozess über zwei Kalenderjahre mit insgesamt neun Wochen Kurs. Diesmal in Teneriffa in einem eigenen wunderschönen Schwester-Institut mit Meerblick. Castillo Moro, ein maurisches Schloss mit bunten Kuppeln und schöner Architektur. Das schönste Haus weit und breit. Teneriffa hat seinen Reiz. Urlaub machen und gleichzeitig ein Seminar absolvieren – eine verlockende Kombination.

Was macht das Biotic Institute nun so einmalig?
Wie hebt es sich von anderen ab?
Was kann man hier bekommen,
was man woanders nicht bekommt?

Das was Teilnehmern gefällt, ist die Offenheit des Teams, die Liebe zum Detail bei der gesamten Ausstattung der beiden Institute. Aber besonders sind es die Inhalte der Seminare. Es dreht sich um alltägliche Themen, die jeden interessieren und beschäftigen. Das, was sich abhebt, ist die Art und Weise, wie diese Themen vermittelt werden. Einfach, verstehbar, anwendbar. Niemand geht so hinaus wie er hereingekommen ist. In den paar Tagen hat sich etwas verändert. So braucht man keine Skripten mit nach Hause zu nehmen. Die Veränderung ist schon passiert. Am Seminar. Genial.

Die meisten Menschen kommen durch Empfehlungen. Und das spricht für sich. Vom Bauern bis zum Rechtsanwalt, vom Unternehmer bis zur Hausfrau, alles findet sich ein in Schwarzenau. Dort steht das österreichische Institut. Ein bunter Regenbogen

verschiedenster Berufe und Herkünfte lassen eines erkennen: Wir kommen alle aus dem gleichen Stall, funktionieren grundsätzlich alle auf die gleiche Art und Weise. Mit dem Wissen und der Erfahrung von dem was uns gemeinsam ist, ist es relativ leicht aus dem Traum aufzuwachen.

Biotic Institute Seminarzentrum und Gesundheits-Produkte GmbH
Modlisch-Mühle · 3900 Schwarzenau · +43.2849.5000
www.biotic-institute.com · www.biotic-products.com
www.kolitscher.com

NUR EINER KANN DEIN LEBEN ÄNDERN, DU!

So muss es beginnen. Zuerst musst du dein Leben in die Hand bekommen. Erst dann kannst du es loslassen und zur höchsten Blüte gelangen. Zuerst musst du vom Opfer zum Schöpfer deines Lebens werden. Dann wird die Schuld verschwinden. Die Projektionen auf andere Menschen werden verschwinden. Die Abhängigkeit wird sich auflösen.

Du hast Verantwortung für dein Leben übernommen. Du beginnst, dich um dich selbst zu kümmern, bei dir selbst zu schauen, dir deiner selbst bewusst zu werden. Diese Verantwortung zu übernehmen ist großartig! Sie macht dich stark, sie bringt dich in deine Kraft. Nur was du hast, kannst du auch loslassen.

Zuerst musst du also ein ausgeprägtes EGO haben. Dann wirst du nach und nach sehen, dass die EGO-Spiele nicht gewonnen werden können. Wenn dann du den Mut dazu hast, hinzusehen, wirst du dir bewusst werden, dass du verlierst. Immer wieder und wieder. Du hast alles im Leben getan, dass es dir gut geht. Aber die Freude ist dir versagt geblieben. Und wenn das EGO sozusagen nichts bringt, kannst du es loslassen, kannst du darüber hinausgehen.

Der Weg dahin ist: Übernimm zuerst Verantwortung!
Für alles und jedes in deinem Leben!

Yod

SEGENSCHAUR IM REFUGIUM

Liz Schaur

Segenschaur ist viel mehr als ein Wortspiel auf einen Namen. Segenschaur beschreibt in einem Wort Persönlichkeit und Tätigkeit von Liz Schaur, aber auch einen Zustand des Glücksgefühls. Diesen hat sie in Momenten der Balance zwischen den inneren Aspekten „weiblich" und „männlich" gefunden und möchte ihn in ihrem Refugium mit anderen teilen. Ähnlich eines Leitmotivs in der Musik fließt das Thema Balance dieser beiden Prinzipien direkt oder indirekt in allen Begegnungen mit Menschen im Refugium ein.

Wenn weiblicher und männlicher Anteil in einer Person in Balance sind, erfährt diese Lebendigkeit, Klarheit und ungeahnte Energie. Viele scheinbar unmögliche Dinge erscheinen nun möglich. Aufgaben können spielerisch erledigt werden, Beziehungen werden liebevoller und körperliche Blockaden können sich lösen. Jeder kann sich selbst auf diese Weise bewusster erfahren und damit auch die Welt von einem neuen Standpunkt aus entdecken.

Eine Veränderung des eigenen Standpunktes fällt an einem sicheren Ort leichter. Mit dem Refugium, erfüllt sich ein Lebenstraum: diesen sicheren Raum und die Geborgenheit zu teilen und zu gestalten, in dem sich der weibliche Teil in uns allen angesprochen fühlt und sich zeigen kann.

Dadurch können sich hier Menschen begegnen, die ihr Herz öffnen und bewusster leben lernen wollen.

Als Ort der Begegnung bietet das Refugium Menschen mit ähnlicher Ausrichtung die Möglichkeit für Kooperationen und eigene Angebote. Es verfügt über drei große Räume für Meditationen, Behandlungen, Vorträge, Hausmessen, Workshops oder Seminare für kleinere Gruppen, Übernachtungsmöglichkeiten und einen Garten.

Wiener Straße 39 · 2514 Traiskirchen
+43.664.11 63 890
www.segenschaur.at

AKADEMIE DER INTUITIONSWISSENSCHAFTEN

„Nichts war geplant, alles ist entstanden und geworden."

Als begeisterte Energetikerin will sie zunächst einmal sagen: „Energie und Harmonie, das ist es, worauf es wirklich ankommt im Leben".

Margarita Zinterhof studierte Biologie, Entwicklungspsychologie und Lebenswirtschaftskunde. Sie schloss als Mag.rer.nat und mit mehreren Lehramtsprüfungen ab. Mehrmals befragte sie ihre innere Weisheit, ihre Intuition, was wohl der Sinn ihres Lebens wäre. Sie bekam immer wieder die gleiche Antwort – bedingungslose Liebe (Agape) zu begreifen, zu leben und anderen den Weg dahin zu zeigen.

Über eine internationale Akademie der Wissenschaften erlangte sie eine Ausbildung für Mental-, Intuitions- und Bewusstseinstraining sowie eine sehr intensive Ausbildung für Lebensberatung.

Einer Eingebung folgend bot sie vor 20 Jahren ein Seminar an, weil sie ihre Erfahrungen nicht mehr für sich behalten wollte. Die Begeisterung der Teilnehmer war so groß, dass sie gebeten wurde, mehr und mehr zu bringen, zu erklären und zu zeigen. Ärzte kamen in die Seminare und empfahlen ihren Patienten, sich an sie zu wenden, um krankmachende Energieblockaden zu erfassen und aufzulösen. Auch die von ihr verfassten Bücher, CDs und der Diplomlehrgang zum/zur Mental-, Intuitions- und BewusstseinstrainerIn wurden von Klienten angeregt und intensiv gewünscht.

Sie hilft Klienten und Seminarteilnehmern, ihr Bewusstsein zu erweitern, um sich in allen Lebenslagen selbst helfen zu können und ihr wahres Potenzial zu erkennen, sowie ihre wahren Grenzen zu erweitern. Diese Hilfe zur Selbsthilfe baut vor allem auf den Geistigen Gesetzen – den universellen Lebensgesetzen – auf, die für alle Menschen und alle Völker die gleiche Gültigkeit haben. Ihr Bestreben ist es, immer wieder vom Wissen zum Tun zu führen und ein stimmiges Sein zu unterstützen.

Prof. Mag. Margarita Zinterhof
Raiffeisenplatz 18 · 2523 Tattendorf · +43.2253.814 48 · www.zinterhof.at

VEREIN ADIMA DWARI DEUTSCH

Leben ist eine Kunst, die man entwickeln kann

Man kann das Leben nicht verlängern noch verbreitern, nur vertiefen. Wir bringen unser Haar täglich in Ordnung, warum nicht unser Herz?

Das Leben ist eine Kunst, die wir bei den massiven Anforderungen des Alltags sehr leicht vergessen. Die Fähigkeiten zu entspannen, zu genießen, sich selbst und andere zu lieben kommen meist zu kurz. Um die Lebensqualität auf vielfältige Art zu fördern, gründete die Künstlerin Mag. art Atibha Elisabeth Sula gemeinsam mit der Therapeutin Dwari Deutsch den Verein Adima in Wien.

Er bietet ein breitgefächertes Programm von Einzelsitzungen, Seminaren und Trainings in ganzheitlicher Psychologie, Meditation und künstlerischem Ausdruck an.

Systemisches Familienstellen und Auflösen von unbewussten Beziehungsdynamiken ermöglichen lebendige und nährende Beziehungen. Atemtherapie und Osho-Meditationen helfen, authentischer, freudvoller und gelassener im Hier und Jetzt zu sein.

Dwari Deutsch · www.dwari-lifeskills.net
Mag. art Atibha Elisabeth Sula · www.sula.at

TIEFENIMAGINATION

RAFFAELLA MAYANA ROMIERI

... ist die Wurzel unseres Seins

Was hinter uns liegt und was vor uns liegt, sind kleine Angelegenheiten verglichen mit dem, was in uns liegt.

Tiefenimagination hilft, in die Ganzheit zu wachsen, indem wir verlorene Dimensionen unseres Selbst wiederfinden und so unser volles Potenzial entfalten, das darauf wartet, manifestiert zu werden.

Auf Reisen in die innere Bilderwelt begegnen uns Krafttiere, die Zugang zu verborgenen Ressourcen haben. Sie führen durch Erfahrungen, die es ermöglichen, alle Aspekte unserer Lebendigkeit zu entdecken und zu integrieren. Die Tiere sind einfühlsame Begleiter auf dem Weg, der auch in vergessene Erinnerungen und eingefrorene Gefühle führen kann. Sie wissen genau, was wir brauchen, um zu wachsen und in unsere Ganzheit zu finden.

Wir finden zurück in die Essenz unseres Wesens und verbinden uns so mit unserer ursprünglichen Kraft, Schönheit und Weisheit.

Begleitung in Tiefenimagination
Siebensterngasse 25/2/25 · 1070 Wien
+43.699.190 54 001 · www.seelenraum.net
www.tiefenimagination.net

INSTITUT FÜR ZUKUNFTSKOMPETENZEN

Wofür ich lebe, davon will ich leben!

Eine Schule für freie Menschen, die der Entdeckung der Einzigartigkeit eines jeden Individuums gewidmet ist, eine Schule der Selbstverantwortung: Der Lehrgang zum Counselor für Zukunftskompetenzen startet im März eines jeden Kalenderjahres.

Das Institut für Zukunftskompetenzen (IFZ) widmet sich dabei den Fähigkeiten, die das eigene Selbst in Kenntnis der eigenen Vision sowie der herrschenden gesellschaftlichen und ökologischen Entwicklungen (auch) beruflich ausdrücken. Im Zentrum steht das eigene Berufsmosaik, zu einem neuen Beruf gemixt, der unserer Berufung entspricht.

Als einzige Ausbildung dieser Art führt sie einen Menschen zu seinem eigenen Selbst und positioniert dieses bestmöglich im Markt, in der Umwelt. Wir werden zu Kreativarbeitern, die sich selbstbestimmt und sinnvoll mit Freude neu erfinden.

Die knappste Ressource der Zukunft liegt im Menschen selbst. Es geht zurück zu den Humanwissenschaften, wobei ein neues Menschenbild in einer Synthese aus interdisziplinären Wissensgebieten entsteht. Die Arbeit am Selbst ist die soziale Schlüsselkompetenz der Zukunft.

„Es gibt nicht hunderte Probleme zu lösen, sondern nur dich selbst!“
Stefano Elio D’Anna

Indem du dich selbst einbringst, schaffst du die Probleme der Welt – oder löst sie.

- Wir geben genügend Halt in der Ausbildung und die nötige Freiheit zur Selbstbestimmung.
- Sie müssen nichts und dürfen alles! Wir bieten Möglichkeiten für jede Situation passend.
- Einbindung in Projekte, Vermittlung zu Partnern, Kooperationen und Mentoring.

Cornelia Scala-Hausmann
Bräuhausgasse 9 · 9300 St. Veit an der Glan
+43.664.35 20 935 · www.zukunftskompetenzen.at

IANP INSTITUT FÜR ATEM-NLP UND PERSÖNLICHKEITSENTWICKLUNG

Ausbildungen – Persönlichkeitsentwicklung – Lebens- und Sozialberatung

Das Institut wurde 1988 von Wolfgang Malik Wöss gegründet. Oberste Maxime ist es, die Menschlichkeit und Individualität jedes einzelnen Teilnehmers zu respektieren. Auf der Basis der systemischen Therapie und einer Kombination von integrativem Atmen – NLP und Familienstellen entwickelte sich die Ausbildung zur Dipl. Lebens- und Sozialberatung.

Einzelberatungen, Seminare für Persönlichkeitsentwicklung und weitere Ausbildungen runden das Angebot ab.

Unter ethischen Grundlagen als Fundament der Arbeit mit Menschen wird das Eingehen auf die Individualität der Menschen, Ganzheitlichkeit, Menschlichkeit, gegenseitigen Respekt, das Finden gemeinsamer Kompromisse und Ausgewogenheit verstanden.

Mit Kompetenz zu noch mehr Lebensfreude.

Landstraßer Gürtel 23 · 1030 Wien
+43.664.445 68 12
www.atem-nlp.at

INSTITUT HARA

Renate Schuberth

Renate Schuberth ist gelernte Heilmasseurin, Yogalehrerin, Shiatsupraktikerin und Gymnastiktrainerin.

Das Wechselspiel zwischen Entspannung und aktiver Körperarbeit liegt ihr sehr am Herzen. Im Nacken- und Schultergürtel z. B. werden viele Ängste gespeichert. Durch spezielle Yogaübungen wird dieser gelöst und freies Atmen wird wieder möglich. „Man fühlt sich danach wie neugeboren", sagt die erfahrene Yogalehrerin. Um Nacken- und Schultergürtel nachhaltig entspannt und gelöst zu erhalten, muss die Rumpfmuskulatur gestärkt werden. Spezielle Bauchmuskelübungen sorgen für ein kraftvolles Körperzentrum.

Das Institut Hara hat sich zu einem etablierten Zentrum entwickelt. In vier Praxisräumen bieten TherapeutInnen aus den verschiedensten Richtungen ihr Können an. Lehrer aus dem Bereich der Körper- und Persönlichkeitsbildung halten hier Kurse und Seminare. Das Ziel ist immer das gleiche, der Ansatz ist unterschiedlich. Durch die Vielfalt im Institut Hara haben die Menschen die Möglichkeit, die Therapieform zu finden, die ihnen am meisten entspricht.

Dürergasse 19 &
Magdalenenstraße 4 · 1060 Wien
+43.1.581 62 40 · www.hara.at

YOGAKULA

Entspannung für Körper und Geist

Yoga ist Nina schon seit ihrer frühen Jugend ein Begriff, da ihre Mutter, erfolgreiche Juristin, Yoga als Ausgleich zu ihrem stressigen Job ausgeübt hat. Ihre Yogalehrerausbildung hat sie gemacht, um ihr Yogaverständnis und die eigene Praxis zu vertiefen. Bald darauf bekam sie die Möglichkeit, Yoga zu unterrichten, unter anderem in Kalifornien, wo sie während eines 3jährigen Aufenthalts in diversen Yoga-Studios intensiv unterrichtet und diese teilweise auch geleitet hat. Um ihre Vorstellungen einer sinnvollen Yogapraxis realisieren zu können, gründete sie 2008 ihr YogaKula-Studio.

Ihrer ersten Lehrerausbildung bei Bikram Choudhury folgten zahlreiche weitere, sowie Seminare in Iyengar, Ashtanga, Yin und Vinyasa Yoga. Nina ist zertifizierte Yoga-Lehrerin mit mehr als 5.000 Stunden Yoga-Unterrichtserfahrung und ist in der Yoga Alliance als E-RYT 500 (experienced registered yoga teacher) registiert. Sie ist auch Ayurveda-Therapeutin.

Im YogaKula unterrichten Nina und ihr Team Hatha Yoga für unterschiedliche Niveaus und mit unterschiedlichen Schwerpunkten: Yoga Basic, Vinyasa Flow, Ashtanga Yoga, Hot Yoga. Nina leitet Spezialkurse wie Pranayama, Meditation, therapeutisches Yoga und unterrichtet Yoga in Privatstunden. Weitere

Angebote im YogaKula sind Candellight Flow, Sunrise Yoga, Gentle Flow und regelmäßige Workshops mit internationalen Gastlehrern.

„Yoga bedeutet herauszufinden, wer ich bin und in welche Richtung ich mich als Mensch entwickeln möchte. Yoga gibt mir alle notwendigen Werkzeuge, um körperlich, mental und geistig gesund zu bleiben. Yoga ist nicht nur Üben, sondern ein Lebensweg und ein daraus resultierender Lebensstil."

Mag. Nina Steininger · Bösendorferstraße 9 · 1010 Wien
+43.664.884 31 344 · www.yogakula.at

AYURKAYA AYURVEDASTUDIO

Ayurvedische Gesundheitslehre im Herzen Wiens

Angefangen hat die Geschichte des Ayurkaya Ayurvedastudios bereits 2008 im Süden von Indien, als sich Romana Muth, Ayurveda-Praktikerin, und Dr. Vinayak Nair MD Ay., Ayurveda-arzt in Kerala, der Hochburg des Ayurveda, kennengelernt haben. Bald wurden die ersten Pläne für ein klassisches, traditionelles Ayurvedastudio, jedoch angepasst an die Bedürfnisse des westlichen Lebens, geschmiedet. Im Mai 2010 wurde das Ayurkaya Ayurvedastudio im Herzen von Wien gegründet, welches nun auch mit ganzem Herzen geführt wird.

„Ayurveda hat zwar seinen Ursprung in Indien als ganzheitliches Gesundheitssystem, dennoch ist es auch eine universelle Gesundheitslehre und somit auch für uns im Westen anwendbar und in unseren Alltag für ein vitales Lebensgefühl integrierbar", ist Romana Muth von der ayurvedischen Lehre überzeugt. Die Ayurveda-Praktikerin konnte sich bereits selbst bei eigenen Panca-Karma-Kuren von der reinigenden und heilenden Wirkung des Ayurveda überzeugen.

Mit seinem Motto „make people think healthy" berät und betreut Dr. Vinayak Nair Menschen, die ihren Lebensstil ihrer wahren Natur wieder anpassen möchten, auf einfühlsame Weise und bringt sie im ganzheitlichen Sinne der Gesundheit näher.

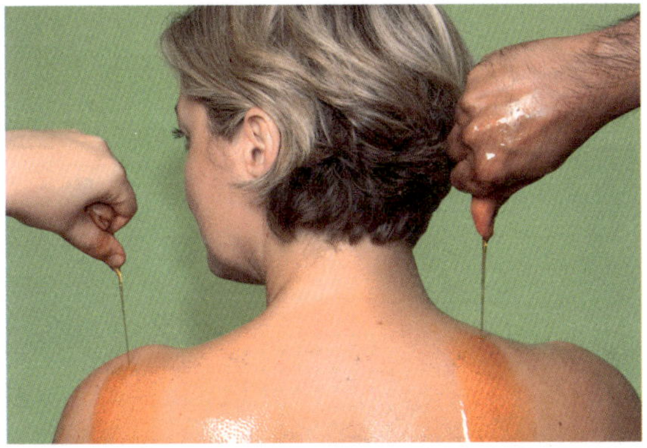

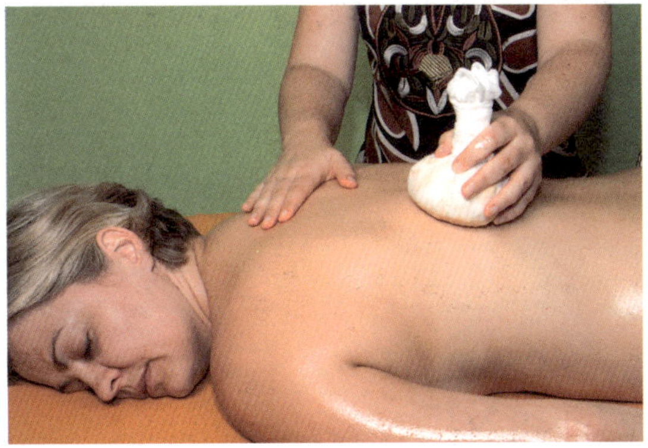

Durch sein langjähriges Studium der Ayurvedamedizin in Indien bringt er das nötige Backgroundwissen mit, durch seine Liebe zur westlichen Kultur auch das nötige Verständis für uns Europäer.

Das Angebot reicht von ayurvedischer Typbestimmung, individueller Beratung in Ernährung und Lebensstil, Körpermassagen und Therapiebehandlungen, Yoga-Therapie bis hin zu ambulanten Ayurvedakuren in Wien sowie den stationären Panca-Karma-Reinigungskuren im Kloster Pernegg, Waldviertel.

Parkring 10 · 1010 Wien · +43.664.913 98 81
www.ayurkaya.at

LAMANDO

Martin und Doris Lassnig

Martin und Doris Lassnig leben auf einem alten Einsiedlerhof in der Buckligen Welt im Bezirk Wr. Neustadt. Der Hof liegt in einem eigenen kleinen Tal, umgeben von zwei Bächen, Wiesen, Wald und Ackerland. Als die beiden den Hof vor drei Jahren fanden, beschlossen sie, hier ihren Traum von der eigenen Selbstversorgerlandwirtschaft und vom Leben im Rhythmus der Natur zu verwirklichen. Doch zuerst mussten Haus und Stallgebäude der ca. 150 Jahre alten Liegenschaft von Grund auf renoviert werden.

So wurde das Haus bis auf die alten Steinmauern abgetragen und liebevoll mit altem Holz, Stein, gebrannten alten Ziegeln und Lehmputz wieder aufgebaut. Ein großer Lehmofen in der Stube und ein alter Küchenofen spenden im Winter wohlige Wärme und warmes Wasser. Die Einrichtung besticht durch ihre Mischung aus urig und gemütlich.

Der tierische Bestand umfasst vier Pferde, neun Ziegen, zwei Alpakas, zwei Hasen und fünf Katzen. „In Zukunft wollen wir hochwertige, biologische Wolle herstellen, darum halten wir Rassen mit besonderer Wolle wie Alpakas, Kaschmirziegen und Angorahasen." Die Rohwolle wird vor Ort bearbeitet und von Hand versponnen.

Ihren Lebensunterhalt verdienen die Lassnigs im Bereich der Persönlichkeitsentwicklung, wo sie im Rahmen der Erwachsenenbildung Seminare, Workshops und Ausbildungen anbieten. An zwei Tagen in der Woche betreuen sie zusätzlich Kunden mittels Kinesiologie und prozessorientierter Körperarbeit in der Arztpraxis des Nachbarortes.

Ein weiterer wichtiger Teil ihres Leben ist EM: Effektive Mikroorganismen helfen, das natürliche Gleichgewicht von Mikroben, welche die Grundlagen für alles Leben auf der Erde bilden, wieder herzustellen und zu erhalten. Dadurch können alle natürlichen Regelkreise gestärkt bzw. regeneriert werden. Durch den Einsatz von EM-Produkten leisten wir einen wichtigen, nachhaltigen Beitrag zur Gesunderhaltung unserer Mutter Erde.

Stadtweg 19 · 2811 Wiesmath · +43.676.401 16 41 · www.lamando.at

SEMINARZENTRUM LA'AKEA

Licht, das durch Liebe entsteht

Das Seminarzentrum hat seinen Namen 2005 von der Gründerin erhalten, aus Liebe zu HUNA (Philosophie und Heilkunde der hawaiianischen Meister) und als Hüterin des Feldes, welches wenige Gehminuten vom Schlosspark Schönbrunn entfernt ist. LA'AKEA beschreibt im Hawaiianischen das Potenzial, das jedem Lebewesen innewohnt und wird mit „Licht, das durch Liebe entsteht“ übersetzt. Im Seminarzentrum finden sich Räume und Veranstaltungen, die für alle da sind, wo neues und bewährtes Wissen fließt, wo jeder willkommen ist, so wie er ist, wo Kreativität sprudelt und Entfaltung mit Leichtigkeit und Freude geschieht, ganz für sich oder in Gemeinschaft mit anderen, die auch auf ihrem ganz besonderen, einzigartigen Weg zu sich selbst sind.

Neben der Praxis für Natives Coaching auf Basis von Huna und für Bio-Transformationsbegleitung werden hier von ausgesuchten Seminarleitern alte Weisheiten und „Neues“ angeboten (Yoga, Qigong, Healing Songs, The Work, Aufstellen uvm.). Im Altwiener Stil erhalten, lädt das Seminarzentrum mit seinem kleinen Garten samt Teich zum Verweilen und In-sich-Kehren ein. Frau Wolff freut sich, wenn sie „die Herzen der Menschen erreicht und die Freude auf unserer lieben Mutter Erde immer mehr wird“.

Im Jahr 2008 hat sie ein altes Souterrain-Lokal im 15. Bezirk in ein Kreativzentrum mit Ambiente umgebaut und damit die kreative Schwester des Seminarzentrums geboren.

Mittlerweile wird dieser Ort liebevoll von Ulrike Pamina Wolff unter dem Namen „Atelier FLOW" geführt. In angenehmer Wohnzimmer-Werkstatt-Atmosphäre wird hier … dazu mehr auf der nächsten Seite.

Erika Eolaya Wolff
Aichholzgasse 4 · 1120 Wien · +43.699.100 05 778 · www.laakea.at

ATELIER FLOW

Freies Lustvolles Offenes Werken

In der kleinen Seitengasse, von außen kaum vermutet, verbirgt sich ein bunter Geheimtipp!

Das freundliche Atelier Flow empfängt seine Besucher in gemütlicher Wohnzimmer-Werkstatt-Atmosphäre. Ob Anfänger, angehender Kunststudent (Mappenvorbereitungskurse) oder Künstler – all jene, die sich kreativ ausleben möchten, vom Alltag abschalten, oder sich künstlerisch entfalten und entwickeln wollen, werden hier von der jungen Künstlerin herzlich willkommen geheißen. Wo Holz fühlbar wird und Formen annimmt, wo die äußere Welt im Moment des Da-Seins ganz leicht losgelassen wird, wo Pinsel und Farbe die Führung übernehmen und das Bewusstsein sich weitet – im offenen Atelier oder in Kunstkursen, alleine oder in Gemeinschaft – Kunst fließt.

Mina Wolff · Wurmserg. 39 / Schuselkag. 1 · 1150 Wien
+43.699.114 88 884 · www.atelierflow.at

DAS AMATÉ-COLLEGE

Die Lebensschule

AMATÉ heißt „liebe dich“ und steht für ein ganzheitliches Menschenbild. Wir sehen Energetik, Kinesiologie, systemische Arbeit und Geistheilung als gleichwertige, aber unterschiedliche Lösungen für Hilfesuchende, denn das psychische, energetische und spirituelle Wesen, die Seele, sind eine unteilbare Einheit.

Im AMATÉ-Kristallzentrum werden deshalb Lebensberatung, AMATÉ-Kinesiologie und Energiebehandlungen genauso angewendet wie Channeling, Aufstellungsarbeit und Supervision.

Auch im AMATÉ-College geht es bunt zu. Wir bieten Ausbildungen in Lebensberatung, AKi® – AMATÉ-Kinesiologie und Aufstellungsarbeit genauso an wie den „Free Your Self“-Entwicklungsweg zur spirituellen Anbindung und Potenzialentfaltung. Es ist die Ganzheitlichkeit unserer Angebote, die uns seit 15 Jahren den Ruf einer Lebensschule einbracht hat.

Amaté · Vereinsgasse 19 · 1020 Wien
College Tür 21 · Kristallzentrum Tür 9
+43.1.925 92 59 · mobil: +43.699.1 7777 999
www.amate.at · www.free-your-self.at

QUELLE ZUR MITTE ZENTRUM FÜR KÖRPER, GEIST & SEELE

Das Alte gewürdigt, die Veränderung und der Neubeginn begrüßt

Den Namen „Quelle zur Mitte“ gaben Michaela und Martin Heimhilcher 2011 ihrem gemeinsamen Lebenswerk.

Die dahinterstehende Philosophie, Menschen, die in lebensverändernden Prozessen Hilfe suchen, zu unterstützen und sie in ihre Quelle bzw. Mitte zu führen.

Der ehemalige Bauernhof bekam durch die jungen Übernehmer eine neue Bestimmung. In früheren Zeiten holten sich die Menschen Lebensmittel vom Bauernhof für das körperliche Wohl, heute steht der Mensch als Körper-, Geist- & Seele-Einheit im Mittelpunkt.

Neben Räumen für eine Montessori-Kinderbetreuung sowie Behandlungsräumen für selbstständige Therapeuten besteht die Möglichkeit, Seminarräume für stunden- bzw. tageweise Veranstaltungen im alternativen Gesundheitsbereich zu mieten.

Martin Heimhilcher hat selbst in seinem Leben die Herausforderungen der Veränderungen angenommen, um seine Berufung zu finden. Durch das Annehmen seiner Schwächen konnten sich seine Anlagen entwickeln wie z. B. die Transformationsfähigkeit von belastenden Energien aus der Aura anderer Menschen.

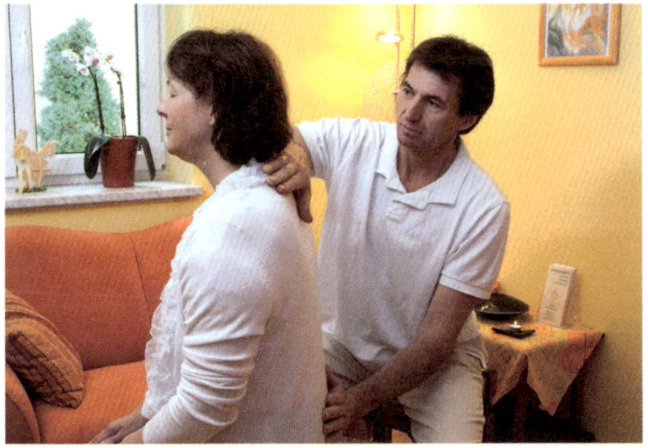

Durch praktische Beispiele den Zusammenhang von Ursache und Wirkung verstehen zu lernen, durch Gespräche und Handauflegen die unbewussten Glaubenssätze aufzulösen und dadurch auf natürlichem Weg die Selbstheilungskräfte zu aktivieren ist eines seiner Hauptanliegen.

Die Kraft des Geistes mit den Gefühlen in Harmonie zu bringen ist das, was der Geistheiler auch in Einzelsitzungen oder in Seminaren in seiner „Quelle zur Mitte" weitergibt.

Breitegasse 12 · 2540 Bad Vöslau
mobil: +43.676.533 24 52, +43.676.531 22 52 · www.quelle-zur-mitte.at

TCM · ERNÄHRUNGSBERATUNG · BIORESONANZ · STEVIA · LIVING FOOD

LEBENS BEJAHUNG NAHRUNG MITTEL

STEVIA

Kleine Pflanze ganz groß

Viel Aufsehen hat sie erregt, *Stevia rebaudiana*, die kleine süß schmeckende Pflanze aus Paraguay. Fünfzehn Jahre nach dem ersten Zulassungsantrag ist es seit 2. Dezember 2011 offiziell – die süßen Bestandteile der Steviablätter, die Steviolglycoside, sind in der EU als Süßungsmittel zugelassen – die Pflanze selbst (noch) nicht.

NEUES WIRD KRITISCH GEPRÜFT

Globalisierung und innovative Entwicklungen in der Lebensmittelproduktion tragen dazu bei, dass in der EU viele Erzeugnisse als neuartig einzustufen sind. Aus Gründen des Gesundheitsschutzes und der Verbraucherinformation ist deshalb am 15. Mai 1997 die Novel-Food-Verordnung in Kraft getreten. Stevia rebaudiana ist vor dem Stichtag in der EU noch nicht in nennenswertem Umfang als Lebensmittel verwendet worden, wird deshalb als neuartig eingestuft und bedarf einer gesundheitlichen Bewertung für eine Zulassung. Die entsprechenden Studien sind teuer und das Interesse der Konzerne ist gering, denn niemand kann sich eine Pflanze patentieren lassen.

Anders verhält es sich bei den süßen Komponenten, den Steviolglycosiden. Verfahren zur Extraktion und Herstellung eines Süßstoffes von großer Reinheit sind patentierbar und bringen Geld. Die hergestellten Extrakte sind in vielen Lebensmitteln als Süßstoff zu finden und durch die Nummer E 960 auf der Zutatenliste erkennbar.

SCHAU GENAU

Wie bei allen Produkten ist auch bei den am Markt erhältlichen Stevia-Pulvern Aufmerksamkeit geboten, denn sie unterscheiden sich in Geschmack und Qualität. Hauptbestandteile der Pulver sind Steviosid und Rebaudiosid A (Reb. A). Ist der Steviosid-Anteil zu hoch, so kommt es zu einem bitteren, fast metallischen Nachgeschmack – umso höher der Reb.-A-Anteil, desto vollmundiger erscheint die Süße.

CHANCEN

In Österreich ist der Zuckerkonsum zu hoch, die Zahl an Übergewichtigen und Adipösen steigt rapide an. Der Stevia-Süßstoff bietet Chancen für KonsumentInnen und Industrie, denn er wird wie Zucker aus einer Pflanze gewonnen, hat aber fast keine Kalorien. Stevia kann Zucker nicht ersetzen, aber sinnvoll eingesetzt ist es eine echte Alternative.

DIE AUTORIN

Mag. Andrea Schreiber, Ernährungswissenschafterin, Beratung nach dem fit10-Ernährungsprogramm. Mit Ihrer Firma Treffpunkt Ernährung spricht sie das Thema gesunde Ernährung bei Jung und Alt an. Die Arbeit mit Kindern an Volksschulen und Kindergärten, Ernährungsberatung für Erwachsene sowie Vorträge & Workshops für Unternehmen zählen zu ihrem Portfolio. Sie ist Autorin zahlreicher Artikel.

www.treffpunkternaehrung.at

TCM-WERKSTATT ARIANE BROERMANN & BIRGIT OFNER

Aus Prinzip „gesund mit Genuss!"

Gegründet im Dezember 2010, setzt die TCM-WERKSTATT auf die 5-Elemente-Ernährung nach der traditionellen chinesischen Medizin (TCM) und mit ihr mittlerweile eine Vielzahl zufriedener Klienten.

Irene V. nach der Teilnahme an einem Workshop: „Aufgewacht bin ich um zehn Jahre jünger. Ich habe mich schon lange nicht so wohl, zufrieden und gesund gefühlt wie heute!"

Die Kochkurse der TCM-WERKSTATT vermitteln u. a., dass man nicht „chinesisch" kochen muss, um sich gesund zu ernähren. Auch die österreichische Küche bietet eine Vielfalt an therapeutischen und schmackhaften Rezepten. „Wichtig ist, dass man zu einer Ernährungsweise findet, die leicht ins tägliche Leben integrierbar ist, denn nur so bleibt die Lust am Kochen und an gesunder Ernährung erhalten" – eine der wesentlichen Grundregeln, nach denen die beiden Gründerinnen auch die individuellen Ernährungsprogramme ausrichten.

Die Prinzipien beruhen auf dem Wissen um Geschmack, Thermik und einzigartige Wirkungsweise der Nahrungsmittel. Gleichzeitig wird auf saisonal-regionale sowie biologische Lebensmittel gesetzt. Die 5-Elemente-Ernährung ist als Lebenspflege zu verstehen, um den Körper in Balance, also in seiner Mitte zu halten.

Die TCM-WERKSTATT greift westliche Beschwerdebilder auf wie Tinnitus, Burn-Out, Allergien bis hin zu frauenspezifischen Themen wie Wechseljahrsbeschwerden, Endometriose oder auch unerfüllten Kinderwunsch. Weitere Schwerpunkte liegen in der Schwangerschaftsbegleitung, Beratung beim Stillen bzw. bei Koliken des Säuglings.

Ariane Broermann und Birgit Ofner, diplomierte TCM-Ernährungsberaterinnen nach der Wiener Schule, beschäftigen sich seit Jahren mit dem Thema Ernährung und sind überzeugt vom wohltuenden Einfluss der 5-Elemente-Ernährung auf Körper, Geist und Seele des Menschen.

Sigmundsgasse 8 · 1070 Wien · www.tcmwerkstatt.at

ARNOLD EHRENFELD

Businesstrainer, Coach und Ernährungsberater

Er legt großen Wert auf die Stärkung der sozialen Kompetenz, die entscheidend ist, völlig unabhängig von der momentanen beruflichen Position – denn es geht immer um Menschen. Als holistischer Gesundheits- und Ernährungsberater hat er mit Kalorienzählen nichts am Hut – vielmehr betrachtet er die Lebenssituation ganzheitlich und hilft, die Ernährung an die Bedürfnisse anzupassen.

Schlossallee 151 · 2020 Sonnberg
+43.664.505 03 39 · www.ehrenfeld.at

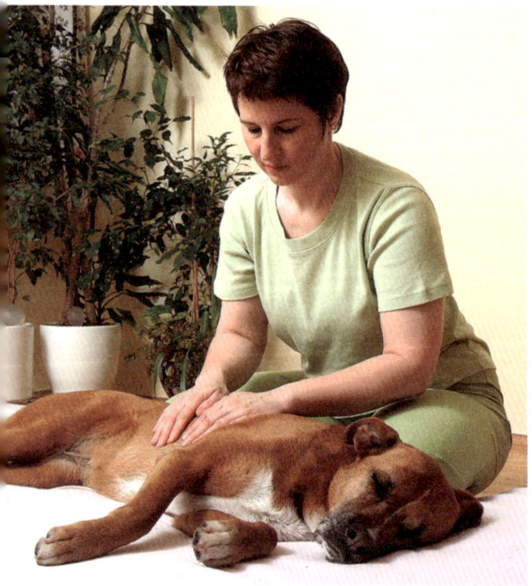

ANGELA SUSCHER

Mitten im Leben – Lebensqualität für Mensch und Tier

Angela Suscher bietet einfühlsame Beratungsgespräche und Behandlungen mit Naturheilmethoden, um die Lebensqualität von Menschen und Tieren zu verbessern. Dabei werden Wissen über tierische Bedürfnisse vermittelt und individuelle Lösungen für einen entspannten Alltag erarbeitet. Ziel ist der bewusste und achtsame Umgang miteinander. Vor allem ältere Menschen und Tiere mit den besonderen Bedürfnissen dieser Lebensphase liegen ihr am Herzen.

Schiffmühlenstraße 99/4/17 · 1220 Wien
+43.699.192 29 257 · www.mittenimleben.net

DENN'S BIOMARKT

Wie ein normaler Supermarkt, nur eben alles in bio

Gesundes Essen beginnt mit dem Einkauf. Und der ist in den denn's Bio-Supermärkten kinderleicht und macht auch noch großen Spaß: Entdecken Sie unbekannte Marken und ganz neue Produkte oder Geschmacksrichtungen und lassen Sie sich zum Experimentieren in der Küche verführen. denn's bietet 100% kontrollierte und zertifizierte Bio-Lebensmittel sowie Naturkosmetik – und das zu günstigen Preisen. Wie ein normaler Supermarkt, nur eben alles in bio.

denn's ist nicht nur ein Tipp unter Bio-Fans. Wenn Lebenseinstellung, Gesundheit oder einfach nur der Geschmack dazu führen, dass auf Fleisch verzichtet wird, hilft das Sortiment von denn's, Abwechslung auf dem Speiseplan zu erhalten: Die Auswahl an Fleischalternativen auf Soja-, Seitan- und Lupinenbasis ist groß. Auch Allergikern wird es mit dem sorgfältig ausgesuchten Sortiment leicht gemacht, die tägliche Ernährung laktose- oder glutenfrei zu gestalten, ohne sich zu sehr beschränken zu müssen.

www.denns.at
Standorte: Wien (6x) · Linz (2x) · Salzburg
Wels · Ried · Perchtoldsdorf

ZIEGELWAGNER INSTITUT FÜR BIORESONANZ & ERNÄHRUNG

einfach G'SUND

Mehr Lebensqualität zu erhalten und zu halten steht im Mittelpunkt des Interesses von Eva Ziegelwagner. Sie hat ein Institut gegründet, wo sie mit einer speziellen Testmethode mittels Bioresonanz mögliche Lebensmittelunverträglichkeiten oder Allergien austesten kann. Mit diesem Wissen wird eine individuelle, optimale Ernährung für den Klienten ausgearbeitet.

Viele Einwirkungen oder Eindrücke in unserem Leben können sich nachweislich auf unsere Gesundheit auswirken, sowohl positiv als auch negativ. Stress in der Schule, am Arbeitsplatz, im Alltag, aber auch falsche Lebensgewohnheiten können in uns energetische Blockaden auslösen. Das Immunsystem wird geschwächt und es bilden sich Lebensmittelunverträglichkeiten. Diese schwächen wiederum den Organismus und oft werden daraus chronische Beschwerden.

Das Institut Ziegelwagner wirkt hier entgegen. Die Bioresonanz-Methode ist ein ganzheitliches, biophysikalisches Verfahren, das sich seit vielen Jahren bewährt hat. Sie macht sich die Entdeckung zunutze, dass der menschliche Körper von einem extrem schwachen, aber messbaren elektromagnetischen Feld durchdrungen und umgeben ist. Bei Krankheiten verändert sich dieses Feld. Die Bioresonanz nutzt diese feinstofflichen,

Bioresonanz hilft bei

- Abnehmen
- Allergien
- Verdauungsproblemen
- Abgeschlagenheit

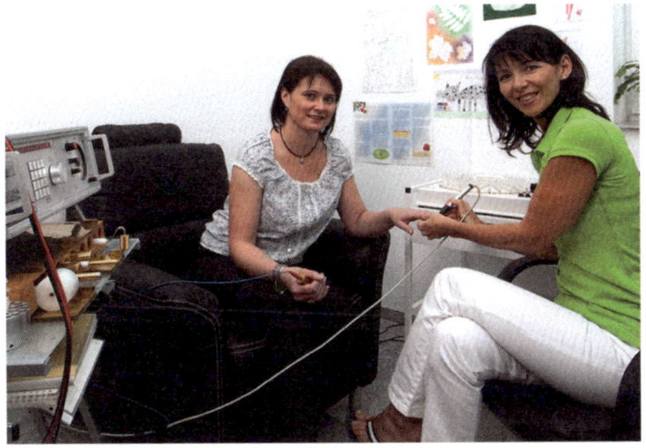

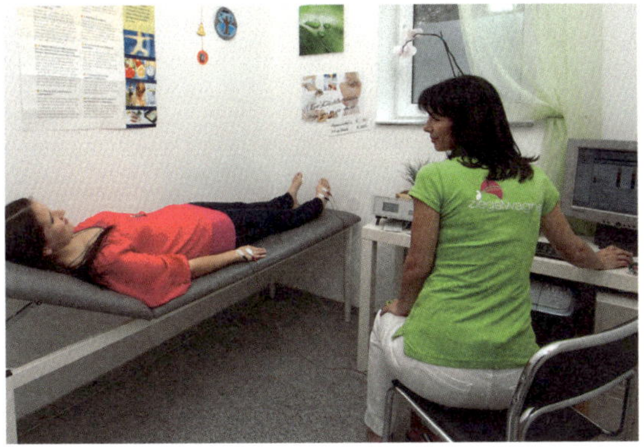

körpereigenen elektromagnetischen Schwingungen und die Informationen verschiedener Substanzen für eine individuelle energetische Harmonisierung. Die Behandlung ist sanft und schmerzfrei, ohne schädliche Nebenwirkungen und ist daher schon für Kleinkinder geeignet. Eine Altersbeschränkung gibt es nicht.

Das Anliegen von Eva Ziegelwagner ist es, jedem Einzelnen bestmögliche Unterstützung sowie eine spürbar höhere Lebensqualität zu bieten. Nur wenn Körper, Geist und Seele im Einklang sind, ist der Mensch gesund!

2625 Schwarzau · +43.676.536 67 47 · www.einfach-gsund.at

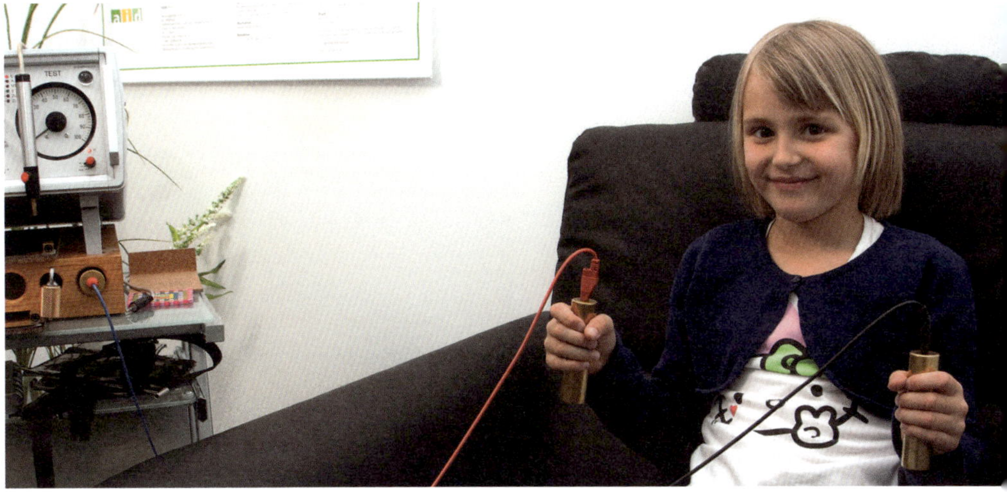

DIE KRÄUTERDROGERIE IM ACHTEN

(Beinahe) alles, was man für's gute Leben braucht …

Die Tradition reicht weit in die Vergangenheit zurück: bis ins Jahr 1793, in dem die alte „Dürrkräutlerei“ in der Kochgasse bereits existiert hat und hier schon getrocknete Heilkräuter, „dürre Kräuter“ aller Art feilgeboten wurden.

Heute gibt es hier einen bunten, lebendigen Mix aus Produkten, die das Wohlbefinden fördern: Heilpflanzen von Angelikawurzel bis Zinnkraut für Teemischungen, Hölzer & Harze zum Räuchern, aromatische Gewürze, sinnvolle Nahrungsergänzung und Fachbücher zu allen Themen, mit denen wir uns beschäftigen: Ayurveda, Frauengesundheit, Schwangerschaft, vegetarische und vegane Küche, Kräuterkunde, Aromatherapie …

Zwei Bücher sind in der Kräuterdrogerie entstanden: „Frauenkräuter“ (Anda Dinhopl) und das Kochbuch „Gesund genießen mit Ayurveda“ (Warelopoulos, Dinhopl, Heyn). Besonders beliebt ist der vegetarische Imbiss – gesundes Essen, das köstlich schmeckt! Wer selbst gerne kocht, findet in den Regalen ein ausgewähltes Angebot an biologischen Lebensmitteln und bekommt kulinarische Tipps zu deren Verarbeitung. Und weil Körper und Seele eine Einheit sind, gibt es hochwertige Naturkosmetik.

Im Mittelpunkt unserer Arbeit steht der Wunsch, Menschen in ihrem Wohlbefinden und in der Erhaltung ihrer Gesundheit zu unterstützen. Wesentlich dabei ist die Achtsamkeit eigenen Bedürfnissen gegenüber. Wir versuchen diese Ziele durch persönliche Beratung, Schulungen und ausreichende Informationen umzusetzen. Die ausgezeichnete Qualität unserer Produkte ist Grundlage der Zufriedenheit unserer Kunden – und die unserer eigenen!

Kräuterdrogerie · Kochgasse 34 · 1080 Wien
+43.1.405 45 22 · www.kräuterdrogerie.at

KESINI

Mach dir diese Freude

Wenn Österreich und Brasilien zueinander finden, entsteht eine Vielfalt an Eindrücken, Bildern, Erlebnissen und Geschmäckern. Und manchmal auch Unternehmen. Marco und Sophia Quége, er Brasilianer, sie Österreicherin, möchten ihre Freude an gutem Essen mit möglichst vielen Menschen teilen. So traditionsreich die österreichische Küche auch ist, gibt es immer wieder bewährte Schmankerln, die neu interpretiert werden können oder Exoten, die ihren Weg in die Herzen der Europäer finden. Die Firma Alimentar wurde vom Unternehmerpaar gegründet, um Genießern neue Geschmäcker nahezubringen: „Unsere Inspiration schöpfen wir von verschiedenen Reisen, auf denen wir Gelegenheit hatten, tolle Rezepte zu kosten. Kesini ist unser erstes Produkt, aber wir haben viele Ideen auf Vorrat."

Kesini ist ein Käsegebäck, aber anders als bei herkömmlichen Varianten wird der Käse nicht nur darübergestreut, sondern reichlich unter den Teig gemischt. Auch das Mehl ist besonders: Maniokmehl ist ein Kraftpaket. Reich an Kalzium und Vitaminen des B-Komplexes verleiht es Kesini seinen einzigartigen Geschmack. Neben der klassischen Variante, die mit Grana Padano verfeinert ist, werden die Sorten Kesini Kürbiskern – direkt aus der regionalen Küche – und Kesini Speck & Zwiebel angeboten. Man muss sie einfach einmal selbst probiert haben!

Pur oder mit Butter, mit Pesto, mit Chili-Dip, mit Aufstrichen … es gibt unendlich viele Arten, Kesini zu genießen. Und da genießen die natürlichste Sache der Welt sein soll, werden Kesinis mit viel Sorgfalt aus ausgewählten Zutaten hergestellt – natürlich ohne Zusatzstoffe. Ideal als Fingerfood oder leckerer Snack für die Familie, schmecken sie am besten ofenfrisch. Das innovative Käsegebäck wird tiefgekühlt im Direktvertrieb verkauft.

Alimentar GmbH · Sophia und Marco Quége
Kellergasse 203-205 · 2103 Langenzersdorf
+43.664.323 87 71 · +43.664.367 73 63 · www.kesini.at
www.facebook.com/kesini.austria

THERAPIE · LEBENSBERATUNG · COACHING

LEBENSBERATUNG LEBENSTHERAPIE LEBENSTHEMEN

PSYCHOTHERAPIE?

Ich bin doch nicht verrückt!

Diese Sichtweise ist sehr weit verbreitet: Wer zur Psychotherapie geht, ist verrückt; und wer nicht hingeht, ist „normal“, was immer das heißt. In meinen nunmehr fünfzehn Jahren als Psychotherapeut war noch niemand bei mir, die oder der verrückt gewesen wäre. Alle meine Klientinnen und Klienten waren ganz besondere Menschen, die voll im Leben standen, viele von ihnen nach den Maßstäben unserer Gesellschaft sogar sehr erfolgreich. Sie kamen in Psychotherapie, weil sie mehr Möglichkeiten sahen oder wieder haben wollten: sie waren an einem Scheidepunkt ihres Lebens, hatten einen schweren Schicksalsschlag zu überwinden, wollten ihre Beziehung zu Eltern, Partnern, Kindern oder sonstigen Menschen neu und besser gestalten, litten am Arbeitsplatz unter zu viel Druck, mangelnder Anerkennung oder Freude und dergleichen. Andere kamen, weil sie ohne aktuellen Anlass mehr aus sich und ihrem Leben machen und sich entwickeln wollten. Psychotherapie ist nicht nur Behandlung von Leidenszuständen, sie ist auch Unterstützung bei der positiven Entwicklung der eigenen Persönlichkeit.

WAS IST PSYCHOTHERAPIE?

Psychotherapie ist seit 1990 in Österreich gesetzlich geregelt. Das Gesetz bestimmt, welche Ausbildung man absolvieren muss. Diese Ausbildung dauert mindestens sechs Jahre. Erst nach der erfolgreichen Absolvierung wird man in die Psychotherapeutenliste des Bundesministeriums für Gesundheit eingetragen, darf sich Psychotherapeut/in nennen und diesen Beruf ausüben. Ziel der Psychotherapie ist laut Gesetz „… bestehende Symptome zu mildern oder zu beseitigen, gestörte Verhaltensweisen und Einstellungen zu ändern und die Reifung, Entwicklung und Gesundheit des Behandelten zu fördern.“

ABGRENZUNG ZU PSYCHOLOGIE & PSYCHIATRIE

Psychologie wurde 1990 ebenfalls gesetzlich geregelt. Ihre Ausübung ist an ein

abgeschlossenes Studium der Psychologie gebunden und besteht in der „... Untersuchung, Auslegung, Änderung und Vorhersage des Erlebens und Verhaltens von Menschen ...“

Psychiatrie ist an ein abgeschlossenes Studium der Medizin und des Fachstudiums der Psychiatrie gebunden. Psychiater/innen sind somit Fachärzt/innen. Sie sind zuständig für Diagnostik, Behandlung und Erforschung psychiatrischer Krankheiten. Sie sind auch die einzige der genannten Berufsgruppen, die Medikamente verschreiben darf.

WELCHE ARTEN VON PSYCHOTHERAPIE GIBT ES?

Es gibt unterschiedliche Zugänge zu Menschen, ihren psychischen Leidenszuständen und ihrer Entwicklung.

Die Methoden mit ***tiefenpsychologischer Orientierung*** gehen davon aus, dass die Ursachen von Leidenszuständen und Blockierungen der Entwicklung in frühen, unbewussten Erlebnissen liegen. Ziel der Therapie ist es folglich, diese Erlebnisse und die damit verbundenen Emotionen bewusst zu machen, aufzuarbeiten und frei für die Zukunft zu werden. Bei analytischen Methoden kann es auch vorkommen, dass man als Klient/in auf einer Couch liegt, während die/der Therapeut/in auf einem Stuhl sitzt.

Die Methoden mit ***humanistisch-existenzieller Orientierung*** sehen den Menschen als ein Wesen an, das sich unter normalen Bedingungen optimal entwickelt. Daher bietet die Therapie einen solchen Rahmen der Wertschätzung, Empathie und Authentizität, der es der Person ermöglicht, versäumte Entwicklungsschritte nachzuholen.

Systemische Therapieansätze betrachten die leidende Person in ihrem Zusammenleben mit anderen Personen. Probleme liegen weniger im einzelnen Menschen als in dessen Beziehungen und Kommunikationsmustern. Ziel der Therapie ist die Erhöhung der Handlungsmöglichkeiten und die Ermöglichung selbstgesteuerter Entwicklung.

Verhaltenstherapeutisch orientierte Therapien gehen davon aus, dass sich innere Haltungen in Verhaltensweisen äußern. Wenn es gelingt, durch Training und Übung dieses Verhalten nachhaltig zu ändern, wird sich auch die innere Haltung und Befindlichkeit ändern.

WAS GESCHIEHT IN DER PSYCHOTHERAPIE?

Psychotherapie findet in Form eines Gesprächs statt – mit einzelnen Klient/innen, in Gruppen oder auch mit Angehörigen. In diesen Gesprächen können alle für die/den Klient/in wichtigen Themen Platz bekommen. Die/der Klient/in ist gleichberechtigte/r Partner/in. Das bedeutet, dass sie/er Ideen und Methoden der/des Therapeut/in auch ablehnen kann. Was immer in den Stunden zur Sprache kam, unterliegt der absoluten Verschwiegenheit der/des Psychotherapeut/in, von der sie/er auch nicht entbunden werden kann. Diese Verpflichtung gilt nicht für die/den Klient/in.

WIE FINDET MAN DIE/DEN PASSENDE/N THERAPEUT/IN?

Vergewissern Sie sich, dass die Person, bei der Sie eine Psychotherapie machen wollen, in die Psychotherapeutenliste eingetragen ist oder von einer Ausbildungsinstitution ermächtigt ist, als Psychotherapeut/in in Ausbildung unter Supervision (iAuS) psychotherapeutisch tätig zu sein.

Vereinbaren Sie mit der Person Ihrer Wahl einen Termin für ein so genanntes Erstgespräch. Stellen Sie bei der Vereinbarung schon sicher, ob dieses Gespräch kostenlos sein wird oder nicht. Ziel dieses Gespräches ist ein gegenseitiges Kennenlernen und eine Abklärung der Rahmenbedingungen. Im Allgemeinen ist es sinnvoll, mit zwei bis drei Psychotherapeut/innen Erstgespräche zu führen, um vergleichen zu können. Danach entscheiden Sie, welcher Person Sie sich anvertrauen möchten und ob Sie sich Begleitung durch sie/ihn vorstellen können.

WAS IST NICHT PSYCHOTHERAPIE?

Es gibt viele Angebote, die Heilung, Gesundheit und Glück versprechen und mehr oder weniger indirekt behaupten, Therapien zu sein. Derzeit besonders beliebt sind so genannte „systemische Familienaufstellungen". Aufstellung ist eine Methode, die in der Systemischen Familientherapie bisweilen angewendet wird, aber immer eingebettet in einen therapeutischen Prozess. Ohne diese Einbettung können Aufstellungen schwere Krisen auslösen. Das Gleiche gilt für esoterische und schamanische Methoden.

Grundsätzlich sind private Beziehungen aller Art (geschäftlich, sozial, sexuell) zwischen Psychotherapeut/innen und Klient/innen verboten. Es ist auch unzulässig, von Klient/innen zu verlangen, sich auszuziehen. Ebenso ist vor allen Angeboten zu warnen, die unbedingten Gehorsam und Abhängigkeit verlangen.

LINKS

Psychotherapiegesetz:
http://www.la-sf.at/la-sf/upload/downloads/Psychotherapie-Gesetz.pdf

PsychotherapeutInnenliste des Bundesministeriums für Gesundheit:
http://psychotherapie.ehealth.gv.at/

Psychologengesetz:
http://www.boep.or.at/fileadmin/editor_upload/Psychologengesetz.pdf

In Österreich anerkannte psychotherapeutische Methoden:
http://bmg.gv.at/cms/home/attachments/5/5/5/CH1273/CMS1143559577254/information__ueber_anerkannte_psychotherapiemethoden.pdf

DER AUTOR

Dr. Imre Márton Reményi ist ein international gefragter Coach für Persönlichkeiten, deren öffentliche Stellung höchste Professionalität und absolute Diskretion erfordert. Er ist Systemischer Psychotherapeut, Trainer und Organisationsberater und lehrt an mehreren Universitäten. Sein Thema sind Menschen im Umgang mit sich selbst und mit anderen Menschen. In Budapest geboren, hat er seinen Lebensmittelpunkt und seine psychotherapeutische Praxis in Wien.

www.remenyi.at

MAG. WOLFGANG BERGER SEMINARZENTRUM HYRTLGASSE

Psychotherapie – Persönlichkeitsentwicklung – Meditation

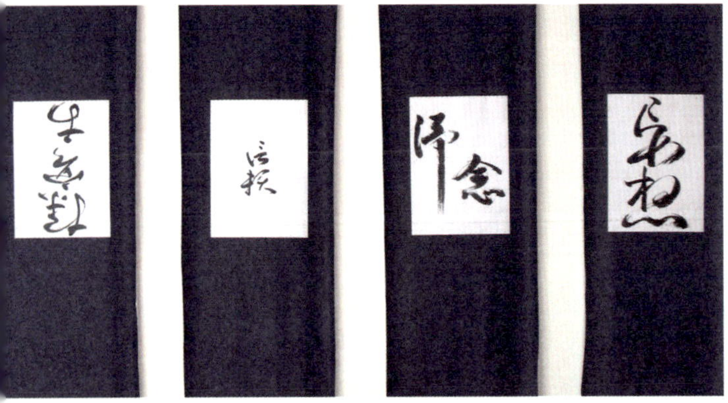

Das Seminarzentrum Hyrtlgasse bietet ein umfangreiches psychotherapeutisches Angebot, Seminare für die Themen unserer Zeit wie Entschleunigung, emotionale Intelligenz oder Sexualität und Angebote für eine moderne und lebbare Meditation.

Seit 2005 betreibt der Psychotherapeut Wolfgang Berger das Seminarzentrum Hyrtlgasse, er ist dabei in seiner Praxis tätig und leitet Seminare und aktive Meditationen zusammen mit anderen KollegInnen des Zentrums.

Seine Vision und die des Seminarzentrums Hyrtlgasse ist es, ein Platz von Menschen für Menschen zu sein, Wege auf der Suche nach sich selbst sowie eine erlesene Auswahl an Meditationen anzubieten und dazu GasttherapeutInnen, LehrerInnen und MystikerInnen aus der ganzen Welt einzuladen.

Hyrtlgasse 12/1 · 1160 Wien
+43.699.119 09 337
www.seminarzentrum-hyrtlgasse.at

MAG. BIRGIT ANNA KONTEH

Psychotherapie – Psychoonkologie – Coaching – Supervision

Römerstraße 1 · 2424 Zurndorf
Krieglergasse 6/3 · 1030 Wien
+43.650.718 71 85
www.wave.co.at · www.psyonline.at

„Die Psychotherapie sollte ein Ort sein, an dem Menschen sich selbst zurückgegeben werden.“ Drewermann

Wir Menschen leben oft ein sehr reduziertes, „eingeklemmtes“ Leben und wagen kaum mehr Rollen einzunehmen als uns bisher gestattet wurde. In der Psychodrama-Psychotherapie geht es darum, die Welt handelnd zu ergründen, zu begreifen, zu erleben und somit um eine kreative Weitung und um ganz konkrete neue Handlungs-spiel-räume!

Im Berufungscoaching *WaVe*® ist die Kernfrage: „Was brauchst du damit es dir gut geht, was brauchst du für ein erfülltes Leben?“, Fragen, die sich in allen Formen der Begleitung wiederfinden und es wert sind, gestellt zu werden. Das Ziel ist es, Menschen darin zu unterstützen, sich selbst in ihrer Individualität und Lebensfreude zu entdecken und auszudrücken, die es ihnen ermöglicht, lustvoll ihren ureigensten Weg zu gehen.

Wenn wir wieder fühlen dürfen, was wir fühlen und sein dürfen, wie wir sind, dann fließt neue Lebendigkeit zu, dann entsteht Spontanität und Freude, innere Beheimatung und Sinn!

LÖSUNGEN, DIE BEFREIEN ES DARF GUT WERDEN

Nur was am Licht ist, kann man verändern

Familiensysteme sind der schicksalhaft vorgegebene Ort, wo sich menschliches Leben entfaltet. Sie beeinflussen den Einzelnen über Generationen hinweg ebenso wie das Schicksal der Gesamtfamilie. Wir alle haben aus unseren Ursprungsfamilien Belastungen übernommen, die durch tragische Ereignisse entstanden sind. Die damit verbundenen Gefühle werden übernommen und im eigenen Leben ausgedrückt. Wie ein Strickmuster, das von Generation zu Generation weitergeführt wird. Diese „Verstrickungen" steuern uns unbewusst und haben eine bestimmende Wirkung auf unser Leben.

Der Grund für die Übernahme familiärer Verstrickungen ist immer Liebe und Loyalität zum eigenen System. Hierbei spielt es keine Rolle, ob wir diese Menschen gekannt, geliebt oder gehasst haben. Der tiefe unbewusste Wunsch dazuzugehören und diese Verbundenheit zu spüren, und sei es über das Leid, ist stärker als Ablehnung auf Grund schwieriger Erlebnisse und Beziehungen.

Die Auswirkungen solch einer Dynamik im eigenen Leben können sehr verschieden sein. Z.B. erlaubt man sich nicht, aus seinem Leben das zu machen, was möglich wäre. Auch psychische und körperliche Krankheiten können mit einer Verstrickung im Zusammenhang stehen und durch deren Lösung positiv beeinflusst werden. Mit einer Familienaufstellung werden diese versteckten Dynamiken sichtbar gemacht und gelöst.

Wir sind ein Team von drei erfahrenen Psychotherapeutinnen (Gestalttherapie). Wir leiten und tragen die GruppenteilnehmerInnen durch den Prozess dieser bewegenden Erfahrung des Erkennens und der Neuordnung ihrer Familiengeschichte. Wo Schmerz und Schuld blockiert haben, darf wieder Zusammengehörigkeit und Liebe erfahren werden. Durch die Auflösung schmerzhafter Verstrickungen entsteht Freiraum für das eigene Leben.

Christl Picker *· Bechardgasse 16/9 · 1030 Wien · +43.1.714 53 26*

Renate Reinwein-Kemptner *· Neuer Markt 15 · 3910 Zwettl +*
Untere Bründlmühle 54 · 3524 Großreinprechts · +43.664.781 90 07

Magdalena Garnitschnig-Picker *· Krieglergasse 6/3 · 1030 Wien +*
Friedrichshof · 2424 Zurndorf · +43.699.113 56 521

www.mgp-gestalttherapie.at

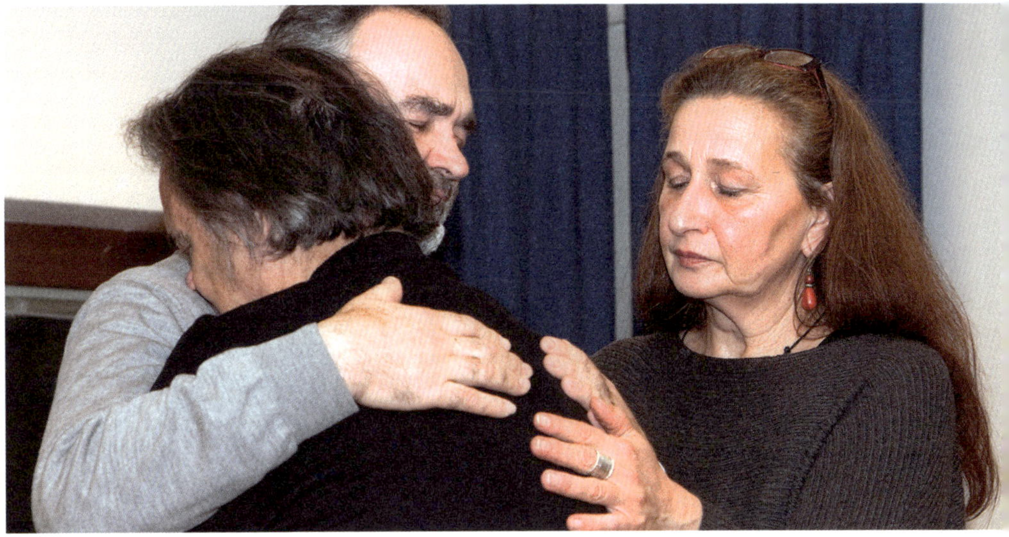

SILVIA VOLSA LEBENSBERATUNG & COACHING

Den Weg finden – ein Stück gemeinsam gehen

Für Silvia Volsa stand schon immer der Mensch im Mittelpunkt. Während ihrer 20-jährigen Tätigkeit als Kinderkrankenschwester sammelte sie viel Erfahrung und lernte, besonders auf non-verbaler Ebene zu kommunizieren.

Schon damals begann sie, Menschen zu begleiten, seit 2009 ist sie Lebensberaterin und Coach. Sie arbeitet mit hypno-systemischem Ansatz, hat zusätzlich noch ein breites Spektrum an Interventionen, die es möglich machen, individuelle Wege zur Lösung zu finden.

Ihre KlientInnen schätzen besonders ihre Intuition und ihr Einfühlungsvermögen. Im angenehmen Ambiente ihrer Praxis ist es leicht, Vertrauen zu finden und sich zu öffnen – ob im Einzelsetting oder in einem der angebotenen Seminare.

Blutgasse 9/1
1010 Wien
+43.699.115 30 623
www.wegefinden.at

LYSIS

Praxis für Systemische Therapie, Supervision & Coaching

Als Systemische PsychotherapeutInnen und BeraterInnen sehen wir ein Individuum nicht für sich allein, sondern interessieren uns für die Menschen in ihren Beziehungen zu anderen und ihrer Lebensumwelt. Jede Verhaltensweise eines Menschen macht aus seiner besonderen Situation heraus „Sinn". Manchmal bedarf es aber der Hilfe von außen, um neue Sichtweisen und Lösungsstrategien zu entwickeln.

Unsere Besonderheit: Beziehungscoaching. Jede Beziehung ist Arbeit und benötigt bewusste Auseinandersetzung, die im Alltag oft zu kurz kommt. Es bedeutet aber eine lohnende Anstrengung, den/die PartnerIn und sich selbst in oft unbewussten Handlungen besser zu verstehen. Im Gespräch miteinander und mit uns als einem TherapeutInnenpaar können Sie sich und Ihre Beziehung immer wieder neu erfinden. Heben Sie mit uns unentdeckte Schätze, lernen Sie sich und Ihre/n PartnerIn neu kennen. Pure Wellness für die Beziehung!

Dr. Nina Aringer, Dr. Christian Winkler
Colloredogasse 27 · 1180 Wien
+43.699.180 85 346 · +43.699.101 47 415 · www.lysis.at

EVERSOUL

Was macht Ihr Leben lebenswert?

Es gibt Menschen, denen diese Frage unglaublich viel Kraft gibt, denn sie werden augenblicklich mit dem Sinn ihres Lebens verbunden und spüren ein tiefes Vertrauen in sich und die Welt, in der sie leben. Sie kennen den Weg, den sie aus tiefstem Herzen gehen möchten. Es gibt Menschen, denen diese Frage großes Unbehagen bereitet, da sie sich sofort mit ihren unerreichten Lebensträumen konfrontiert sehen und dann beginnen, ihr bisheriges Leben zu rechtfertigen oder in Frage zu stellen. Was passiert mit Ihnen, wenn Sie diese Zeilen lesen? Welche Gefühle tauchen auf oder gehen unter? Welche Gedanken kommen ins Rollen?

Fragen wie diese spielen in Gernot Burgers Arbeit als Lebensberater eine zentrale Rolle, denn sie helfen seinen Klienten dabei, sich selbst besser kennen zu lernen und bereiten den Weg für eine der wichtigsten Erfahrungen vor, die ein Mensch nur machen kann: sich selbst aus tiefstem Herzen zu lieben! Denn der Mensch, der weiß, dass er seinen Weg nie verlassen hat und der spürt, dass seine Kraft jeden Traum verwirklichen kann, der hat auch die Fähigkeit, sich an eine alte Weisheit zu erinnern: Jedes Lebewesen ist es wert, geliebt zu werden und jedes Leben ist es wert, gelebt zu werden.

Ing. Gernot Burger
Lindengasse 30/12 · 1070 Wien · www.eversoul.at

BEATE KOLOUCH

Begleitung bei Entwicklung und Veränderung

Beate Kolouch, diplomierte Lebens- und Sozialberaterin, akademische Supervisorin und Coach begleitet in ihrer Praxis seit 20 Jahren Menschen bei deren Entwicklung und Veränderungsprozessen. Sie hilft ihnen dabei, die Herausforderungen, die das soziale Leben mit sich bringt, zu meistern. Sich selbst gut zu kennen und zu wissen, was einem im Leben wichtig ist, sich selbst zu verstehen und zu lieben, eine aktive und positive Lebensgestaltung – das sind wichtige Themen unserer Zeit. Sie begleitet die Menschen bei ihrer Entdeckungsreise zu sich selbst, dabei, ihre Potenziale zu entwickeln, die Freude im Leben (wieder) zu entdecken und eine gute Balance zwischen Beruf und Privatleben zu finden. Seit 12 Jahren engagiert sie sich in der Berufsgruppe der Lebens- und Sozialberater und leitet eine Ausbildung.

Unter dem Motto: „Hinschauen – erkennen – verändern" bietet sie auch systemische Strukturaufstellungen an. Eine Möglichkeit ohne viele Worte, dafür mit viel Gefühl, individuelle Lösungen zu finden und spüren.

Redtenbachergasse 73
1160 Wien
+43.676.938 90 70
www.kolouch.at

JUDITH OBERMANN

Lebens- und Sozialberatung

Denken Sie, kreative Menschen …
… sind sensibel für ihre Umwelt und Mitmenschen?
… haben originelle, unkonventionelle Ideen?
… sind flexibel, mutig & offen?
… drücken sich künstlerisch aus?

Ja? Dann haben wir bereits eine Gemeinsamkeit. All diese Eigenschaften treffen auf Judith Obermann zu und zeigen sich in ihren künstlerischen Aktivitäten (Malen, Fotografieren & Texten) und ihren Beratungen.

Sie wollte nach ihrem Soziologiestudium nicht nur *über* Menschen forschen, sondern *mit* ihnen arbeiten. Deshalb absolvierte sie die Ausbildung zur diplomierten Lebens- und Sozialberaterin und Supervisorin. Ohne Empathie, Wertschätzung, Authentizität und Kreativität wäre all dieses Wissen nur die Hälfte wert. Wer von ihr beraten und begleitet wird, dem stellt sie ihre Erfahrung, Kenntnisse und ihre Persönlichkeit zur Verfügung, damit Sie Ihre Potenziale ausschöpfen und Ihren eigenen Weg (wieder) finden und gehen können.

http://judithobermann.wordpress.com
www.elfe13.com

MAG. ROSEMARIE SEDLACEK

Coaching – Beratung – Supervision

„So ist das Leben: Wenn sich eine Tür schließt, öffnet sich eine andere. Die Tragik liegt darin, dass wir nach der geschlossenen Tür blicken, nicht nach der geöffneten." Andre Gide

Rosemarie Sedlacek arbeitet mit **Einzelpersonen, Paaren, Familien und Gruppen**, um in herausfordernden Lebensphasen und bei sensiblen Lebensthemen gemeinsam mit ihren Klienten die „geöffnete Tür" zu finden.

Für **Unternehmen** bietet die Psychologin und Lebensberaterin Supervision, Führungskräftecoaching, sowie ein breites Spektrum an Seminaren und Vorträgen zu den Themen Work-Life-Balance, Burn-Out-Prävention und Gesundheitsmanagement an.

Das Gute ist möglich.
So lautet das Credo von Mag. Sedlacek, das sich in ihrer langjährigen Berufstätigkeit immer wieder bestätigt.

Praxis für Lebensthemen · Wien/NÖ
+43.660.543 85 58
praxis@lebensthemen.at
www.lebensthemen.at

ANDREA MOLANI & ERWIN KOPPENSTEINER

Energie-Symbol-Arbeit, feurige Transmutation, Training & Beratung

Andrea Molani entwickelte ihr Buch „DU bist eine großartige PersönlICHkeit“ mit der Kraft der Energie-Symbole. Entfalte deine Persönlichkeit, ziehe immer das richtige Symbol, passend zum derzeitigen Thema und erhalte Antworten und Hinweise – daraus entwarf sie die Energie-Symbol-Arbeit und -Analyse. Die Energie-Symbole helfen, das genau zugeordnete Thema zu bearbeiten, die notwendige Veränderung wird klar aufgezeigt. Die Symbolbilder auf Leinwand erfüllen den Raum mit dieser Energie.

Als Ergänzung dient Numerologie-Beratung. Schon Pythagoras hat die prägende Energie der Zahlen des Geburtsdatums erkannt. Als weiteres Werkzeug dient der Feuerlauf – die Praktik der Transformation. Beim Feuerlaufen wird der Effekt – Anregung des Immunsystems durch Temperaturunterschied – millionenfach verstärkt, so kommt es zu einer „feurigen Transmutation“, bei der ein Mensch sich reinigt, verjüngt und selbst heilt.

Erwin Koppensteiner ist Coach und Berater mit wirtschaftlichem und psychologischem Verständnis für Unternehmen und Privatpersonen. Seine nachvollziehbaren Anregungen sind schnell integrierbar. Er besitzt hohes Einfühlungsvermögen, wobei seine offene und ehrliche Art sehr geschätzt wird. Er spricht auch heikle Themen achtsam und direkt an. Dies macht ihn zum Ansprechpartner, um

Veränderungen einzuleiten. Er fokussiert die Stärken jeder Person und liefert die passenden praktikablen Lösungen. Deshalb kann er bei anderen Menschen sehr schnell den Willen und die Motivation zur Veränderung erzeugen, damit ein nachhaltiger Erfolg garantiert ist. *„Erwin Koppensteiner würde ich als Klarspüler der Wirtschaft beschreiben. Die reinigende Wirkung im Management ist notwendig. Er kann den Blick aufs Wesentliche freisetzen, Durchblick und klare Sicht entstehen!“ Mag. René Österreicher, Welcome Wiesenthal*

Andrea Molani Koppensteiner · +43.699.128 57 601
www.energiesymbole.com

Erwin Koppensteiner · +43.699.128 57 595
www.koppensteiner.eu

beide: Benjowskigasse 26/3 · 1220 Wien

UNTERNEHMENSFÜHRUNG

im Spannungsbogen zwischen wirtschaftlicher Realität und Spiritualität

Spirituelle Unternehmensführung, das klingt auf den ersten Blick wie ein Widerspruch in sich. Ein Unternehmen führt man nach Plänen, berücksichtigt Zahlen, Daten, Fakten. Man/frau erforscht den Markt, entwickelt Produkte und Dienstleistungen, die bei möglichst geringem Aufwand den maximalen Ertrag bringen. Alles logisch und strukturiert. Abgesichert und wachstumsorientiert.

Eingebettet in ein spirituelles Weltbild zählen andere Werte und ergibt sich ein neuer Blick auf das gesamtwirtschaftliche Geschehen. Die Verbundenheit aller Lebewesen und der Respekt vor allem Leben stehen im Zentrum der Entscheidungen. Ebenso die Hingabe an das was ist, die Würdigung dessen, was sich als vermeintliches Hindernis zeigt. Und das Vertrauen, dass alle Ereignisse aus einer höheren Perspektive Sinn machen. Angeschlossen an ein höheres Wissen, an die eigene Intuition treffen sich Entscheidungen, die vermeintlich unlogisch sind und den „Regeln" der Ökonomie widersprechen.

Wo darüber diskutiert wird, treffen starre Fronten aufeinander und Vorurteile auf beiden Seiten verhindern ein offenes „In die Schuhe des anderen Treten". Blauäugige Weltverbesserer mit rosaroter Brille treffen auf starre Verharrer in veralteten Strukturen. Schnell sind Etiketten gefunden – Kommunist, Kapitalist. Neues wird als illusorisch und in unserem Wirtschaftssystem unmöglich verwirklichbar klassifiziert. Weil wenn sich alle nur noch lieb haben, wer soll dann arbeiten und das System am Laufen halten?

Doch immer mehr weichen Strukturen und scheinbare Grenzen (im Denken) von den Wurzeln her auf. Da wo sich Manager am Rande des Burnout in die Hände von HeilerInnen begeben und in der Seele berührt werden. Da wo Wunder nicht mehr zu ignorieren sind und selbst hartgesottene UnternehmerInnen von einem Staunen erfasst werden, das keinen Zweifel mehr lässt, dass in unserer Welt höhere Gesetzmäßigkeiten herrschen, vor denen wir uns nur demütig verneigen können.

Noch zeigt sich dieser Prozess mal da mal dort und erhält kaum Beachtung in den Medien. Noch glauben die ProtagonistInnen sich weitestgehend allein auf weiter Flur zu bewegen. Noch wirkt das Tabu, sich öffentlich zu einem spirituell-esoterischen Weltbild zu bekennen, weil die Angst, damit nicht ernst genommen zu werden, vorherrscht. Doch die Zeit arbeitet für die Erneuerung, für ein Wirtschaftssystem, das beide vermeintlichen Pole integriert – wirtschaftlichen Erfolg, der ein gutes Leben ermöglicht und die Achtung der spirituellen Basis unseres Mensch-Seins. Viele individuelle Wege stehen uns offen, eine spannende Reise zu dem was wirklich zählt, zur Verwirklichung unserer Talente und Gaben und zu einer Gemeinschaft, in der verantwortungsvoll die Fülle unseres Planeten geteilt und verteilt wird. Zum Wohle aller.

Es geschieht dir nach deinem Glauben – also glauben wir daran und das scheinbar Unmögliche ist Wirklichkeit.

DIE AUTORIN

Anja Haider-Wallner, Unternehmerin, Beraterin, Ayurveda-Praktikerin

www.akasha.co.at · www.smileveda.at

GABRIELA JOHAM

Lebensdesign – gestalten Sie Ihr Leben nach Ihren Vorstellungen!

Sie wünschen sich, gut und freudvoll zu leben? Vorbereitet darauf, was an Herausforderungen auf Sie zukommt? Sie können Ihr Anliegen zwar schemenhaft artikulieren, doch es fehlen Ihnen Lösungszugänge?

Lebensdesign ist eine persönliche Dienstleistung mit Intuition, Herz und Humor. Die professionelle Neugierde auf Ihre Welt im Sinne des Neuentdeckens der Ressourcen, Begleitung in unwegsamem Gelände, eine Hand, die sich beim Balanceakt bereit hält zu stützen, ein wacher Geist für Fragen und Hypothesen, die Freude, (Berufs-)leben gestaltbar zu machen.

Durch gutes Zuhören, Gabriela Johams besondere Gabe der Wahrnehmung und mutige Fragen zeigen sich Ihnen die Lösungen, die Sie schon länger gesucht haben. Sie finden Ihren eigenen Weg und erkennen, welche Ressourcen Ihnen Kraft geben, um diesen dem Fluss des Lebens zu folgen.

Schon nach wenigen Stunden wissen Sie, wie Sie leichter mit Veränderungen umgehen, wieder ganz in Ihre Eigenverantwortung kommen, wie Sie Ihre Persönlichkeit weiterentwickeln und wo Sie sich Unterstützung und Ermutigung holen können.

Gabriela Johams Kundinnen und Kunden kommen aus unterschiedlichsten Lebenssituationen und Berufen. Gemeinsam haben sie alle, die ersten Schritte in eine bewusste Veränderung gehen zu wollen.

Es ist immer etwas, das ihrer Persönlichkeit und ihrer inneren Natur entspricht. Etwas, das sich in der momentanen Lebenssituation geradezu aufdrängt, mit Freunden nicht ausreichend besprochen werden kann und noch nicht zum Therapeuten oder Arzt führt. Genau dort setzt das Coaching von Gabriela Joham an. Als ersten Schritt dorthin empfiehlt sich oft auch das Lesen ihrer Bücher.

2353 Guntramsdorf · +43.664.431 42 25 · www.lebensdesign.at

WIRTSCHAFTSDIGMALYSIS

Akademie für Kinesiologie und Persönlichkeitsentwicklung KG

Kommt Ihnen das bekannt vor?

- „Mentale Mauern" – Ausreden und Gründe
- Permanente Arbeitsüberlastung – Innere Kündigung
- Hohe Personalfluktuation
- Sinkende Innovationsfähigkeit

Mit der Wirtschaftsdigmalysis finden Sie die Wurzel dieser Unternehmenssymptomatik.

Moderne Unternehmen sind mit einer Vielzahl an Störfaktoren konfrontiert, die die Führungsmannschaft, die Geschäfts- oder Konzernleitung, aber auch die Mitarbeiterschaft vor große Herausforderungen stellt. Viele Einflüsse und Strömungen spiegeln sich im Unternehmenserfolg wider – doch diese sind schwerer zu fassen und noch schwerer zu verändern.

Wo Menschen zusammenkommen, kumulieren bewusste und unterbewusste Vorgänge, Emotionen, Verhaltensweisen und Gedankenstrukturen zu einer kollektiven Unternehmensenergie.

Wir betrachten Ihr Unternehmen, sei es eine Firma, ein Projektteam, eine Abteilung oder eine Arbeitsgruppe als Organismus. Genau wie ein Mensch Vorgänge in seinem Körper hat, die bewusst, aber auch unbewusst ablaufen, gibt es diese auch bei Organisationen.

Die revolutionären Techniken der Wirtschaftsdigmalysis ermöglichen es, Ursachen und Anlässe der vorher identifizierten Störfaktoren im gemeinschaftlichen Tun zu erkennen, dauerhaft zu lösen und somit verblüffend einfach positive Veränderungen in den bearbeiteten Unternehmensebenen zu bewirken.

Susanne Laschober

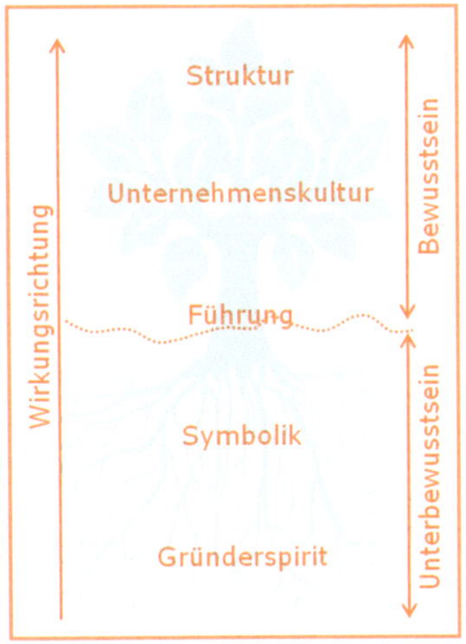

Baummodell der Wirtschaftsdigmalysis

Digmalytisches Baummodell

Die Basis der Wirtschaftsdigmalysis ist die Digmalysis® – die musterlösende Kinesiologie. Wir alle haben Muster – positive und einschränkende. Letztere ver-ur-sachen Gedanken-, Gefühls- und Verhaltensmuster, die oft nicht zu unserem Vorteil scheinen. Automatismen laufen ab – obwohl wir „wissen", können wir nichts dagegen tun. Mit der Digmalysis® werden einerseits die bewussten Ebenen des Menschen (siehe „digmalystisches Baummodell") gestärkt und ausgeglichen, andererseits die auslösende Ursache des Musters im Unterbewusstsein gesucht und gelöst. Danach haben Sie die Wahl Ihres Verhaltens, Gefühls oder Gedankens!

Altmannsdorferstraße 104 · 1120 Wien · www.digmalysis.com

SENSITIVE CONSULTING

Business Coaching – Life Coaching – Mentaltraining – Workshops

Die holistische Sichtweise auf den Menschen und die Anwendung neuester Biotechnologien im Coaching bilden den Kern der Beratungen bei SENCO. Sein Ziel ist es, all jenen Menschen zu helfen, die ihre bisher erfolglosen Denk- und Handlungsmuster hinterfragen und effizient verändern wollen.

Der Architekt für Ihren Erfolg. In Einzelsitzungen und Workshops werden unerwünschte Verhaltensmuster aus dem Unterbewussten zutage gefördert und gelöst. Die Voraussetzung dafür, dass sich Glück und Erfolg in Ihrem „Haus des Lebens" auf ihre eigene Art und Weise materialisieren können. Zum Beispiel durch Ihr visionäres Leadership als Unternehmer und Manager, Ihren besseren Umgang mit diffizilen Führungssituationen, Ihre Ausgewogenheit zwischen Berufs- und Privatleben oder Ihre Zufriedenheit und Gesundheit im Leben.

Mag. Markus Tropper
+43.650.360 54 75 · www.senco.at

ISABELLA DINSTL

Ganzheitliche Führungskultur und Werteorientierung im Management

Für ein erfülltes Leben ist eine harmonische Verbindung zwischen Herz, Verstand und der spirituellen Ebene von besonderer Wichtigkeit. Darauf achtet Frau Dinstl im Coaching, wo sie auf Potenzialentwicklung, ganzheitliche Führungskultur und Werteorientierung im Management fokussiert. Im Organisationskontext stellt sie den Ausgleich zwischen menschlichen und wirtschaftlichen Bedürfnissen zum Wohle von MitarbeiterInnen, Kunden und Geschäftsführung in den Mittelpunkt. Sie arbeitet mit lösungsorientierten und systemischen Methoden und kreativen, energetischen und schamanischen Techniken.

Ihre Sternenbilder sind Reflexionen aus dem Universum und wirken energetisch auf den Betrachter und das Raumklima.

Lannerstraße 23/6 · 1190 Wien
www.isabella-dinstl.com

SUSANNA PICHLER-GASLER, MSC

Coaching: Raum für persönliche Entwicklung

Die wichtigsten Werte meines Lebens? Selbstbestimmung und Entwicklung! – Ohne Zögern kommt die Antwort von Susanna Pichler-Gasler. Die Industriekauffrau und diplomierte Sozialarbeiterin verfügt über mehrjährige Ausbildungen zum Coach sowie zur Supervisorin und Organisationsentwicklerin.

Ihre unterschiedlichen Ausbildungen und den breiten Spannungsbogen ihrer Berufserfahrungen – vom Lehrling bis zur Führungskraft – setzt Susanna individuell für ihre KundInnen ein. Sie weiß: Keine Herausforderung gleicht der anderen, keine berufliche Planung läuft nach Schema. Daher sieht sie sich als Begleiterin ihrer KundInnen auf deren persönlichem und beruflichem Entwicklungsweg. Ziel ist, dass diese am Ende des Weges die für sie passende Lösung finden.

Einen wichtigen Entwicklungsschritt in Susannas Arbeit brachte die Ausbildung zum ROMPC®-Coach. Durch diese Methode, die auf Erkenntnissen der Gehirnforschung basiert und körpereigene Entkoppelungsmechanismen nutzt, werden automatisierte Stressreaktionen unterbrochen. Das klingt kompliziert? ROMPC®-Coaching lässt sich anhand von Beispielen ganz einfach erklären:

... Die gute Antwort auf die Provokation des Kollegen fällt Ihnen erst am Weg nach Hause ein.

... Beim Mitarbeitergespräch schrumpfen Ihre Forderungen, die daheim noch so klar waren, zu kleinlauten Bitten .

... Für die heftige Reaktion auf Ihre Tochter, die so gar nicht für den Test lernen mag, schämen Sie sich.

Verletzende Erfahrungen können ein Leben lang im Unterbewusstsein nachwirken. Durch ROMPC® wird das Reiz-Reaktions-Schema unterbrochen, Blockaden werden gelöst und neue Perspektiven sowie zusätzliche Handlungsalternativen entwickelt – damit Selbstbestimmung und Entwicklung gelebt werden können!

Pichelwangergasse 10-12/3/31 · 1210 Wien · +43.664.39 22 996
Fasangasse 1 · 3463 Stetteldorf/Wagram
www.dieberatungswerkstatt.at

BERUFUNGSCOACHING HELMUTH SEIDLER

Berufungscoaching & Unternehmensnachfolge Coaching

Wir erfinden unseren Auftrag nicht, wir ent-decken ihn. Er liegt in uns und wartet darauf, verwirklicht zu werden! Viktor Frankl

Macht Ihnen Ihr Beruf Spaß? Üben Sie eine sinnvolle Tätigkeit aus, die Sie erfüllt? Wissen Sie, was Sie „wirklich" wirklich wollen, was Sie brauchen, damit es Ihnen gut geht? Wenn Sie solche oder ähnliche Gedanken haben, dann sind Sie bei einem Berufungscoach *WaVe*® richtig.

Helmuth Seidler, jahrzehntelang Unternehmer und seit sieben Jahren Wirtschafts- und Berufungscoach *WaVe*® begleitet Menschen in jedem Alter, die sich genau diese Fragen stellen oder jene wie: „Kann das wirklich alles gewesen sein"?

Das Berufungscoaching *WaVe*® ist eine bedürfnisorientierte Begleitungsform. Im Zentrum steht dabei das Entdecken und Benennen der eigenen individuellen Bedürfnisse, Träume, Werte und Fähigkeiten, die dann mit den Bedürfnissen der Welt verknüpft werden. Ziel ist eine bewusst erlangte Klarheit über die Ausrichtung des weiteren (beruflichen) Weges in Form einer Lebensvision, „die mich ruft und zieht", sowie das Setzen eines ersten Schrittes für deren Umsetzung. Dies eröffnet und aktiviert Ressourcen für weitere Handlungen und eine zielgerichtete Lebensgestaltung.

Als Kernmitglied des Beratungsinstitutes die esche ist ein weiterer Schwerpunkt von Helmuth Seidler das Coaching von Unternehmensnachfolgeprozessen, besonders in Familienbetrieben. Helmuth Seidler hat große Erfahrung einerseits selbst durch einen sehr emotionalen Übernahmeprozess innerhalb des eigenen Familienunternehmens als auch durch das erfolgreiche Nachfolgecoaching mehrerer Familienbetriebe.

Sieveringerstraße 91 · 1190 Wien
+43.664.203 89 20 · www.HelmuthSeidler.at
www.wave.co.at · www.dieesche.at

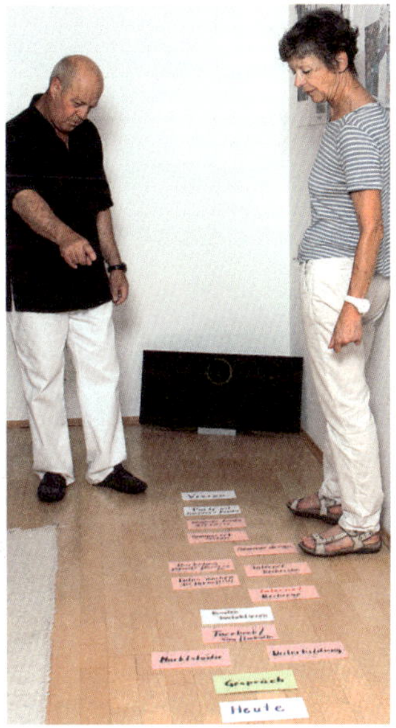

MIKLÓS SZALACHY, MAS

Die Macht der Beziehungen – Brücke zwischen Handlung und Erfolg

Wie systemische Dynamiken unsere bewusste Welt dominieren. Der Versuch, alles denken, erklären und berechnen zu wollen, erweist sich zunehmend als unzureichendes Lebens- und Lösungsprinzip. Vielmehr sind unsere unterbewussten Beziehungen die wahren „Designer" von Lebensglück, Gesundheit sowie unserer privaten und beruflichen Entscheidungen. Persönliche Problemthemen basieren häufig auf belasteten Strukturen in Familien- oder Berufsbeziehungen. Die meist unbewussten Hintergründe sind nicht auf logischer, sondern nur auf der Beziehungsebene lösbar.

Beziehungserfolg ist Lebenserfolg! Miklós Szalachy ist auf systemisches Beziehungsmanagement spezialisiert und berät Organisationen, Familien und Einzelpersonen.

Systemaufstellungen bringen verstrickte Beziehungen ans Licht und führen durch wesentliche Einsichten zu nachhaltigen Lösungsansätzen und Erfolgen in allen Lebensbereichen.

Metternichgasse 11 · 1030 Wien, · +43.699.130 10 218
www.adamo.co.at

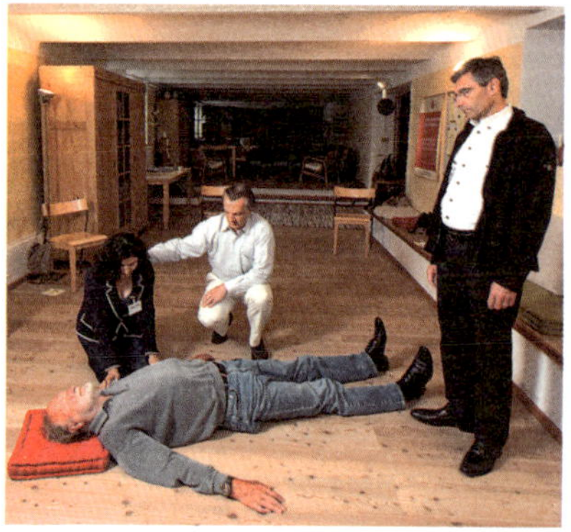

CLAUDIA KALTENBÖCK

CKapunkt7 Training – Mehr (Er)Leben

Durch Entspannungs- und Interventionstechniken wird die Aufmerksamkeit ganz in den jetzigen Moment gelenkt. Wir lernen den Augenblick bewusst zu (er) leben.

Das ist die Basis, um präventiv die Folgen von Stressüberlastung einzudämmen und ein Burnout weitgehend zu vermeiden. Hinzu kommen ein qualitativer Umgang mit den eigenen Lebensrollen und die Sicherheit, von den eigenen Lebenssäulen selbst in belastenden Zeiten getragen zu werden.

Eine Kombination aus speziell abgestimmten Seminaren zu Stress- und Selbstmanagement, Entspannungstraining in den Pausen direkt vor Ort, verbunden mit Einzelsitzungen zur Persönlichkeitsstärkung und Intensivierung der Wirkung, schafft die optimale Voraussetzung, um individuell den Umgang mit den eigenen Ressourcen zu fördern.

„Und am Ende bleibt uns die Gewissheit, dass das Leben lebenswert ist." Claudia Kaltenböck

www.burnout-stresspraevention.at

HEIDIS LITERATURCAFÉ

Ein Ort der Begegnung

Willkommen in Heidis Kommunikationstreff in Form eines Literaturcafés! Bereits beim Eintreten wird den Besuchern bewusst, dass sie sich ganz und gar nicht in einem herkömmlichen Café befinden.

In einer kuscheligen Ecke sitzt einer von Dr. Heidi Bernharts ausgebildeten Mediatoren/innen und hilft gerne bei persönlichen Themen weiter. Natürlich besteht auch die Möglichkeit, mit einem Lebens- und SozialberaterIn über diese Themenfelder zu sprechen und nicht nur das, es ist auch möglich an einer Lebens- und SozialberaterIn Ausbildung sowie an einer Ausbildung zum/r MediatorIn teilzunehmen, denn diese Berufsfelder werden von Tag zu Tag gefragter.

Am Abend finden Veranstaltungen, Seminare und Vorträge statt, welche die wichtigsten Lebensbereiche abdecken.

Dr. Heidi Bernharts Anliegen ist es, so viele Menschen wie möglich an diesen wunderbaren Veranstaltungen teilnehmen zu lassen, welche für Geist, Körper und Seele unentbehrlich sind und die eigene Authentizität zum Vorschein kommen lassen. Als Mediatorin, Lebens-und Sozialberaterin und em. Rechtsanwältin hat Dr. Heidi Bernhart ein offenes Ohr für jeden.

In dieser angenehmen Atmosphäre in der Warchalowsky Villa in Wien Dornbach, lohnt es sich, auf einen Kaffee vorbei zu kommen und an den zahlreichen Veranstaltungen teilzunehmen.

Dornbacher Straße 62 · 1170 Wien · +43.1.480 34 70
kanzlei@heidibernhart.at · www.vitamynd.at

PUMA-TRAINING

Integrative Outdoor-Aktivitäten

Bei Martina Pühringer gibt es die Möglichkeit, in einem handlungsorientierten Training Ihre Verhaltensmuster zu beobachten bzw. ihre Wirkung auf andere erleben und reflektieren zu können, Rückmeldung zu Ihren Handlungen zu erhalten, Befindlichkeiten auszusprechen.

In der Gruppe arbeiten – sich auf die Gruppe einlassen – sich selbst im Tun beobachten.

Das Besondere an diesen handlungsorientierten Outdoortrainings ist, dass das aktuell Erlebte gleich reflektiert werden kann. Eine Sequenz, eine Übung kann im Anschluss besprochen werden. Alle Teilnehmer können voneinander profitieren und lernen. Auch können sofort neue Ansätze, neue Verhaltensweisen probiert werden, so ist Veränderung und Entwicklung möglich.

Sie können Wirkungen beobachten. Die Wirkung anderer auf sich selbst, wie Sie durch andere beeinflusst werden, was Sie motiviert, bremst oder gar zornig werden lässt. Aber auch Ihre Wirkung auf andere, wie Sie etwas durchsetzen, sich Platz und Gehör verschaffen, kurz gesagt, mit welchen Methoden Sie zu Erfolg in der Gruppe kommen möchten.

Um sich persönlich weiterzuentwickeln oder die Handlungsweisen Ihres Teams zu beobachten, Führungsansätze zu erkennen, Konfliktverhalten zu reflektieren und verbessern, zu all diesen Themen ist es möglich, handlungsorientiert zu arbeiten.

Handlungsorientiertes Outdoortraining bedeutet Interaktionsaktivitäten im Freien, fern vom Alltag und dem alltäglichen Umfeld, ganzheitliches Lernen im Sinne der Verbindung von Handeln, Denken und Fühlen. Durch all diese Faktoren entsteht ein Erfahrungsfeld, voll emotionaler und sozialer Herausforderungen, die die Grundlage zum erlebnisorientierten Erfahrungslernen bieten.

Martina Pühringer · Lindengasse 30/12 · 1070 Wien · +43.664.511 47 87
www.puma-training.at

ENERGETHIK · BODY WORK · SCHAMANISMUS

LEBENSWEGE
SPIEL
ENERGIE

DIE HEILKRAFT DER LEBENDIGEN CHAKREN

Tiefenimagination – „The Personal Totem Pole Process®"

Autoritäre Gruppen und Machtstrukturen, die anderen ihren Willen aufzwingen, kontrollieren seit viel zu langer Zeit die Welt. Dies wird der natürlichen Intelligenz und Würde des Menschen jedoch nicht gerecht. Anstatt unsere Kinder in der Schule zu gehorsamen Automaten zu erziehen, sollten wir sie unterstützen und fördern, jene außergewöhnlichen Eigenschaften zu entdecken, die einen wichtigen Teil ihrer Lebendigkeit ausmachen: Kreativität, Mitgefühl, Ganzheit und Balance. Diese entfalten sich auf ganz natürliche Art und Weise, wenn wir lernen, unser Denken zum Fundament der Lebendigkeit zu lenken und so in einen Dialog mit unseren tiefsten Anteilen zu treten. Das erneuert einen Kreislauf, der in der Kindheit oft unterbrochen wurde.

Der „Personal Totem Pole Process®" (Methode der Tiefenimagination) bewirkt Integration. Durch ihn ist es uns möglich, mit unseren inneren Bildern in eine freundschaftliche Beziehung zu finden. Diese erscheinen, wenn wir sie einladen, meist in Form von Tieren.

Wenn wir unser Bewusstsein weg von der Außenwelt hin zu unserer tiefsten Schicht der Imagination richten und uns ernsthaft auf deren Bilder einlassen, wird in uns eine wichtige Verbindung erneuert. Auf diese Weise können alte emotionale Wunden heilen; wir entdecken neue Möglichkeiten und Talente und entwickeln einen wachsenden Sinn für unser ursprüngliches Selbst.

Die Energie-Strukturen, die als Chakren bekannt sind, bilden das Herzstück des „Personal Totem Pole Process®". Die meisten von uns haben gelernt, Chakren abstrakt zu erfassen und theoretisch über sie nachzudenken, aber die tiefe Imagination bringt uns auf direktem Weg in eine Erfahrung ihrer Lebendigkeit und tieferen Weisheit. Ein Wissen, das uns durch die Energie des Lebens über unzählige Generationen weiter vererbt wurde und uns letztlich in unsere eigene Weisheit zurückfinden lässt. Dadurch finden wir Unterstützung, um uns von einer Persönlichkeit, die primär individuell orientiert ist, in ein

„Unsere tiefe Imagination ist die Wurzel unseres Seins – eine Quelle der Nahrung und Stabilität. Der Anker, den wir so sehr brauchen – besonders jetzt, wo uns unsere Gesellschaftsformen mehr und mehr überwältigen und manipulieren. Unsere Verankerung sollte immer in uns selbst sein. Verbunden mit dem zeitlosen Jetzt, wo es immer nur Lebendigkeit gab und gibt.“

Wesen zu entwickeln, das durchdrungen ist von Lebenskraft und für das die Lebendigkeit das größte Geschenk des Universums darstellt.

Unsere Aufgabe ist es, die unterschiedlichen lebendigen Energien der Chakren in eine zusammenhängende und aufeinander abgestimmte Beziehung zu bringen, die dann die Führung übernimmt – eine innere Instanz, die um die Lebendigkeit herum zentriert ist und sich nicht um andere Menschen oder deren Meinungen und Beurteilungen dreht. Die Menschheit bildet den größten Anteil der Lebewesen dieser Erde und was sie braucht ist Unterstützung, um sich vollends in ihre eigene Ganzheit zu entwickeln und zu wachsen, anstatt reflexartig die Weisungen anderer zu befolgen. Erst daraus entwickelt sich Respekt für alles Leben, nicht nur das menschliche. Die lebendigen Chakren werden in ein Konzil zusammengebracht – eine Zusammenkunft der inneren Tiere. Dieses Konzil formt den Kern der eigenen Ganzheit und bildet die zentrale Lebensstruktur, um die herum sich die Erforschung und Entdeckung all unserer lebendigen Anteile orientieren können. Die vier Arten des Wissens (Denken, Fühlen, Gefühle und Imagination) werden auch in diese Beziehung mit hineingebracht, ebenso wie Sinneswahrnehmungen und Polaritäten, die unser Leben prägen.

Dieser Prozess – die anhaltende Erforschung unserer selbst auf ganz subjektive statt traditionell objektive Art – wird zu einem inneren Unterstützungssystem, einer Art, wie auf die eigene tiefere Weisheit zugegriffen werden kann. Das Konzil der lebendigen Chakren bildet ein inneres Team, das immer bereit steht, auf das man sich beziehen kann, während man sich in die Vielschichtigkeit des eigenen Lebensweges hinauswagt. Spiritualität wird dann als natürlicher Teil des Lebendigseins miteinbezogen, statt aus aufgezwungenem Gehorsam gegenüber Regeln, die von einer regierenden Elite aufgestellt wurden. Respekt für und die Beziehung mit der ganzen Existenz werden als natürliche grundlegende Bestandteile entdeckt, die Lebendigkeit, Ganzheit und zentrierte Balance fördern. Die Wandlung die dieser Prozess bewirkt ist wunderschön, tiefgreifend, überaus persönlich und sie verbindet uns auf neue Art mit der Schönheit des Universums.

DER AUTOR

Dr. Eligio Stephen Gallegos ist Begründer der Methode des „Personal Totem Pole Process®“. Er leitet weltweit Ausbildungen, Seminare & Workshops, ist Mitbegründer des International Institute for Visualization Research (USA) und hat zahlreiche Bücher veröffentlicht.

www.esgallegos.com
www.moonbearpress.com
www.deepimagery.org
www.tiefenimagination.net

CHRISTIANE DURSTMÜLLER

Zentrum für inneres Wissen

Das Zentrum für inneres Wissen ist ein Ort, an dem mit unterschiedlichen Methoden die Selbstheilungskräfte der Menschen aktiviert werden.

Leider haben viele von uns in unserer hektischen Zeit den Instinkt zur Natürlichkeit verloren. Ruhe, Besinnung auf sich selbst und die Signale, die unser Körper aussendet, wieder bewusst zu erleben, das ist ihr Ziel. Wenn der Mensch in der Lage ist, auf seine innere Stimme zu hören, kann er ein besseres Lebensgefühl erlangen, Blockaden und hemmende Muster auflösen.

Klanggabeln sind ihre Spezialität, die eine Besonderheit bieten. MET nach Rainer Franke, Aufstellungsarbeit und Veränderungstheater nach Renate Edelbauer-Daimler, Schamanische Arbeit (Huna), Austesten und Pendeln, Arbeit mit Symbolen für Menschen und Tiere, Heilmagnetismus. Ihr Handwerkskoffer ist groß und Wohlfühlen ist sicher.

Wer nicht genug Zeit hat, sich um seine Gesundheit zu kümmern, wird sich Zeit nehmen müssen, um sich um seine Krankheit zu kümmern.

Kundmanngasse 26/8 · 1030 Wien · +43.664.463 45 53 · www.inneres-wissen.at

POWER BEYOND MIND HEINZ M. BERANEK

Integrative Bewusstseinsarbeit für Menschen, Unternehmen und Organisationen

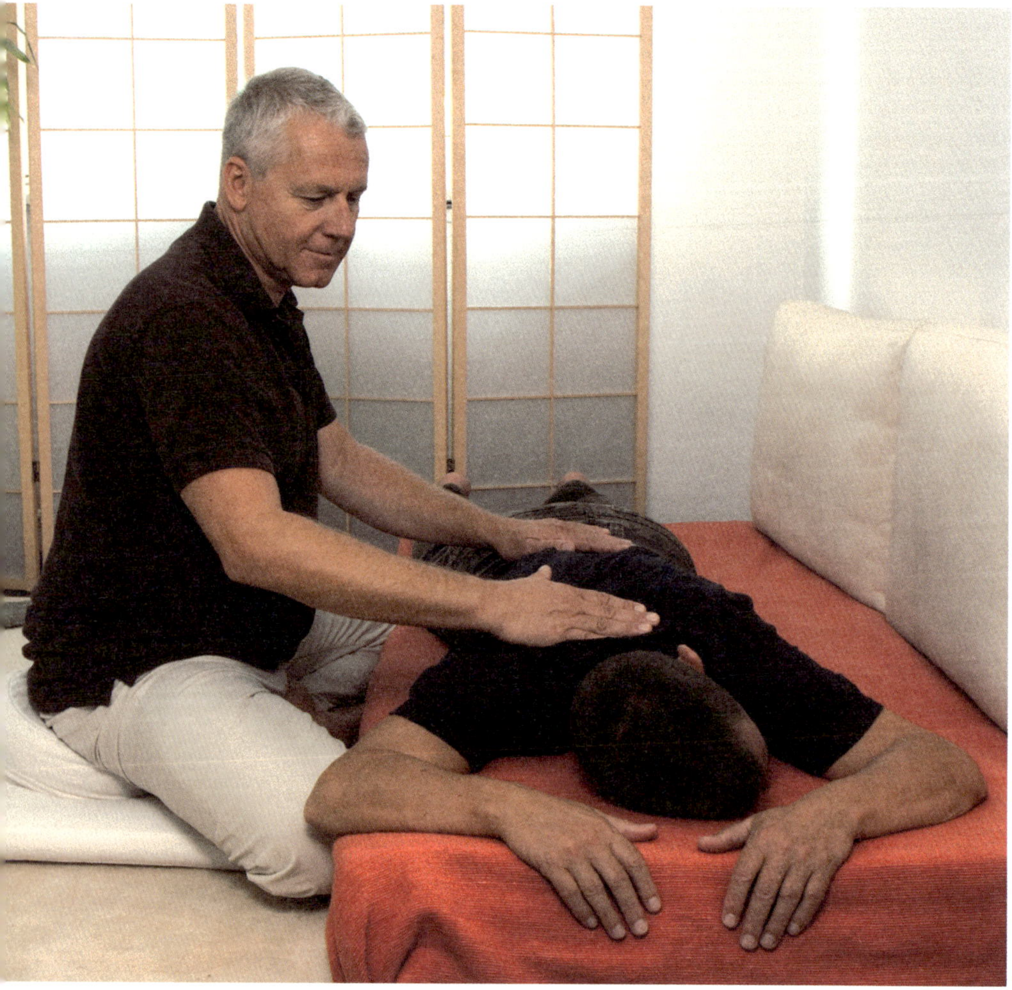

Powerbeyondmind ist nicht nur Methode, sondern Qualität des Seins, wie im direkten Kontakt mit Heinz Beranek spürbar wird. Beeindruckende sensitive Erfahrungen veranlassten ihn schon in frühester Jugend, Fragen zum Sinn seines Lebens nachzugehen. Antworten darauf fand er vorerst in der gelebten Praxis mystischer Traditionen aus Ost und West. Parallel zur beruflichen Tätigkeit mit Menschen in der Wirtschaft im In- und Ausland setzte er sein inneres Trainingsprogramm alter und neu entdeckter Methoden stetig fort.

Die beruflichen und privaten Kontakte mit Menschen aus allen Schichten unserer Gesellschaft ermöglichten ihm ein außergewöhnlich breites Panorama seiner Beobachtung von Menschen und deren veränderlichen Lebensschicksalen. Aus diesem Erfahrungsschatz, seiner eigenen spirituellen Entwicklung und essenziellen Einsichten heraus entwickelte er die PBM-Methode!

PBM ermutigt, fördert, unterstützt und bekräftigt kreativschöpferisches Leben aus dem Herzen in Eigenverantwortung! In unserer Zeit tiefgreifender Veränderungen im Außen erfährt der PBM-Praktizierende seine ureigenste Seelenfrequenz – Freude, Liebe, Kraft, Kreativität, Stabilität und Frieden in seinem Innersten und als Grundlage seines Tuns. PBM vereint spürbar weibliche

und männliche Kräfte, Intuition und Intellekt zu einem neuen, aktiv umsetzbaren „Werkzeug" in jedem Augenblick des Alltags!

Die lösungsorientierte, transformative Arbeit basiert auf intuitiven, medialen Informationen und findet in Form angeleiteter Wahrnehmungsübungen, Energiearbeit mittels sanfter Körperberührung sowie Meditation und Stille in Einzel- und Gruppenarbeit statt. Bei Bedarf werden auch Maßnahmen zur energetischen Unterstützung in den Lebensräumen der Klienten vorgenommen.

In gleicher Weise begleitet Heinz Beranek auch Führungskräfte und Organisationen, die für visionäre Perspektiven offen sind und eine neue Unternehmenskultur in die Welt bringen wollen!

Frimmelgasse 4/1B · 1190 Wien · +43.699.110 10 055 · www.powerbeyondmind.at

LICHT-ENERGIE-ARBEIT REGINE ZEISZIG

„Wer bin ich wirklich, wenn ich mich selbst annehme, liebe? ICH BIN."

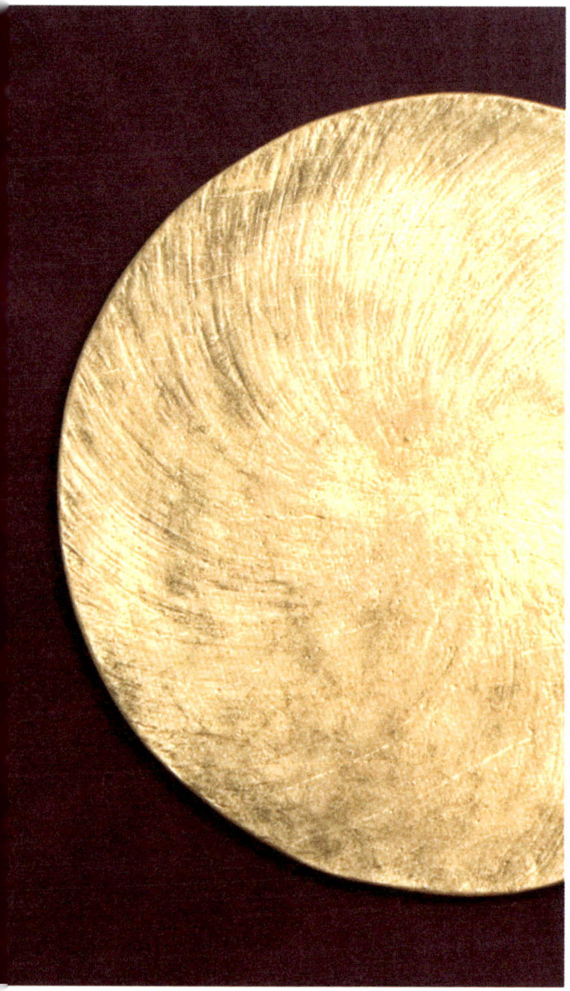

Bewusst leben bedeutet sich selbst zu lieben, bedeutet, Klarheit über Zusammenhänge und Ursachen von Aktion und Reaktion zu erlangen, karmische Bindungen zu lösen. Beziehungen zu heilen, bedeutet Leben in Liebe, Freiheit und Eigenverantwortung.

Regine Zeiszig begleitet seit vielen Jahren Menschen, die sich auf die Reise zu sich selbst begeben, die bereit sind, ihr Schöpfertum anzunehmen und in Eigenverantwortung zu leben. In ihrer Arbeitsweise wählt sie aus unterschiedlichsten Methoden, um für die Klienten und deren Umfeld den höchstmöglichen Gewinn zu erzielen. Zusätzlich vermittelt sie einfach anzuwendende Techniken zur Selbsthilfe im Alltag.

Über die Goldenen Scheiben wird der Heilungsprozess im Raum unterstützt. Sie reflektieren lichtvolle Energien des Universums, abgestimmt auf den Raum und die Menschen darin.

Parkweg 26, 2100 Korneuburg
Lannerstr. 23/6, 1190 Wien
+43.664.344 70 15
www.regine-zeiszig.com

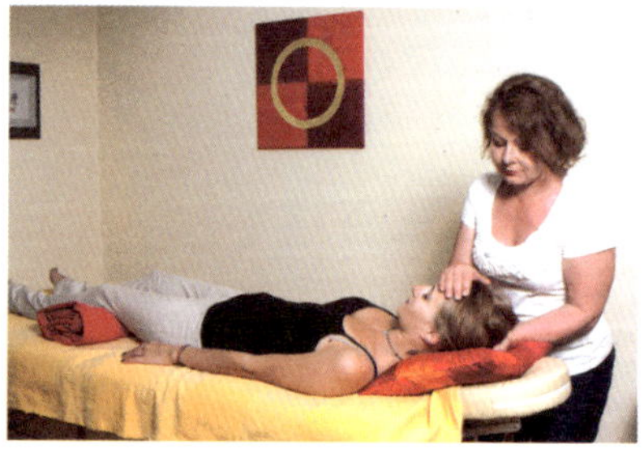

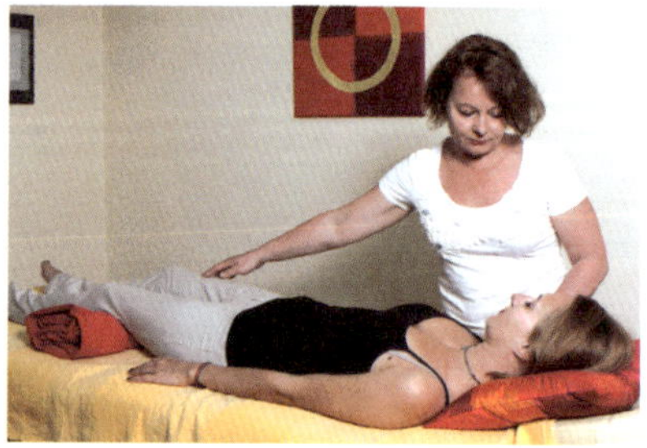

INDIGO

Räucherwerk für den 7. Sinn

Indigo Enterprises®, 1991 von Egon Pobuda in Wien gegründet, möchte die vielfältigen Kräfte der Pflanzen in Form von Räucherwerken zugänglich zu machen. In mehr als 21 Jahren wurde die Wirkung 300 verschiedener pflanzlicher Rohstoffe erforscht. Mittlerweile werden über 100 Mischungen und Räucherharze in höchster Qualität und Wirkung angeboten. Räuchern dient dazu, eine gewünschte Energiequalität in einem Raum zu erreichen, um sich in einer natürlich duftenden, harmonischen Atmosphäre wohl zu fühlen. Es bietet die Möglichkeit, die Kräfte der Natur als hilfreiches Werkzeug zu nutzen: Energetische Reinigung und Harmonisierung von Räumen, Personen und Gegenständen; natürliche Kraftreserve und Kraftquelle; Quelle der Ästhetik und Schönheit; Ausdruck eines feinen, individuellen Lebensstils.

Wir vertreiben edles Räucherwerk und bieten fachlichen Rat. Seit zehn Jahren werden Vorträge, Themenabende, und Seminare gehalten. Seit 2006 gibt es den zweijährigen Lehrgang: „Indigo-Räucher-Meister-Ausbildung", der nicht nur das Räuchern, sondern auch eine umfassende wirtschaftliche, energetische und spirituelle Schulung mit einbezieht.

Thayagasse 43 · 1210 Wien · +43.1.259 27 65
www.raeuchern.at

KARIN KNAPP

Schmuck-Design und Energie-Schmuck

Karin Knapp ist Schmuckdesignerin aus Leidenschaft. Die gelernte Handelskauffrau stieg vorerst in das Wollgeschäft ein. Doch die Leidenschaft des Schmuckes ließ sie nicht los, und daher entschloss sie sich zu der Ausbildung „Heilsteine und Schmuckdesign".

Sie entwickelte sich in den Jahren zu einer Designerin ganz besonderer Art. Ihr Gefühl zu den Kunden und den Heilsteinen ist einzigartig; sie spürt genau, was der Kunde gerne hätte oder was ihm gefällt.

Mittlerweile sind mehr als zwanzig Jahre vergangen und sie hat sich zu einer in ihrer Branche fantastischen Schmuckdesignerin und Beraterin entwickelt.

Seit ein paar Jahren entwirft sie Energie-Schmuck der ganz besonderen Art und wurde in Berlin für den Sender Astro TV entdeckt, wo sie sehr erfolgreich ist. Die Leidenschaft und Liebe zu Menschen und Schmuck ist bei Karin Knapp spürbar. Schmuck-Design der besonderen Art, dort wo man sich wohlfühlt.

Hetzendorferstraße 81 · 1120 Wien
www.karinundmario.com

MARIO

Die Kraft der Berührung – Wenn Berufung zum Beruf wird

Mario stammt aus einer Familie, in der Spiritualität gelebt und weitergegeben wurde und begann daher sehr früh, sich dafür zu interessieren. Als Jugendlicher spürte er, dass seine Hände immer dann heiß wurden und richtig brannten, wenn einer seiner Freunde traurig oder energielos war.

Später lernte er eine Schamanin kennen und erzählte ihr von seinen brennenden Händen. Sie überzeugte ihn mit den Worten „Du verfügst über eine sehr hohe Energie und solltest mit deinen Händen arbeiten" und bot ihm an, sich bei ihr in der Kunst der Aura, Chakren, Reinigung und Stärkung sowie in den verschiedenen Techniken der Energiearbeit auszubilden.

Mit seiner fast 20-jährigen spirituellen Erfahrung hilft er heute erfolgreich Menschen im In- und Ausland. Sein spirituelles Wissen gibt er in seinen Seminaren weiter: Kartenlegen, Pendel, Aura-Reinigung, Reiki und Engel-Energien.

Hetzendorferstraße 81 · 1120 Wien · www.karinundmario.com

DR. HELGE RICHTER

Die medizinische und therapeutische Schatzkammer

Dr. Helge Richter hat viele Jahre Allgemein- und Arbeitsmedizin hinter sich. Seit einigen Jahren geht er ganz in seiner Praxis für Psychosomatische Energetik auf.

Was verbirgt sich hinter diesem Namen? Es ist eine – ohne Übertreibung – einzigartige und erfolgreiche Therapieform, bei der alte seelische Verletzungen mit spezieller Homöopathie therapiert werden, die zuvor kinesiologisch aufgespürt werden.

Dr. Helge Richter will nicht mehr nur symptomorientierte Schulmedizin betreiben. Er wendet sich seit 9 Jahren einer Wurzel von Erkrankungen zu: dem psychosomatischen Hintergrund von chronischen Gesundheitsstörungen.

Die Basis der Psychosomatischen Energetik (PSE) ist die offensichtliche Existenz verschiedener unverarbeiteter seelischer Verletzungen, die sich ins Bewusstsein eingraben, Energie rauben, Lebensabläufe stören und Krankheiten verursachen.

Das Behandlungsspektrum ist sehr breit gestreut: chronische körperliche Erkrankungen, Angst, Panik, Depressionen, Burnout, Stottern, Migräne, Workoholismus, Eifersuchtswahn oder Bettnässen, um nur einige zu nennen.

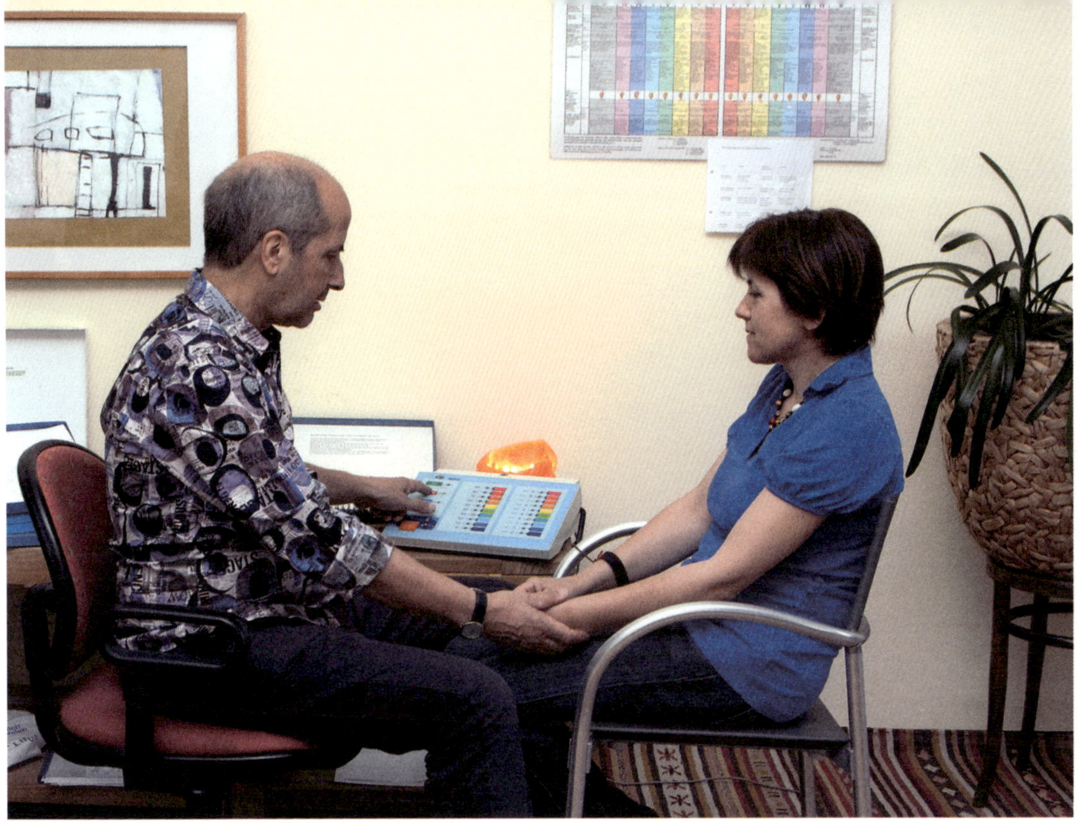

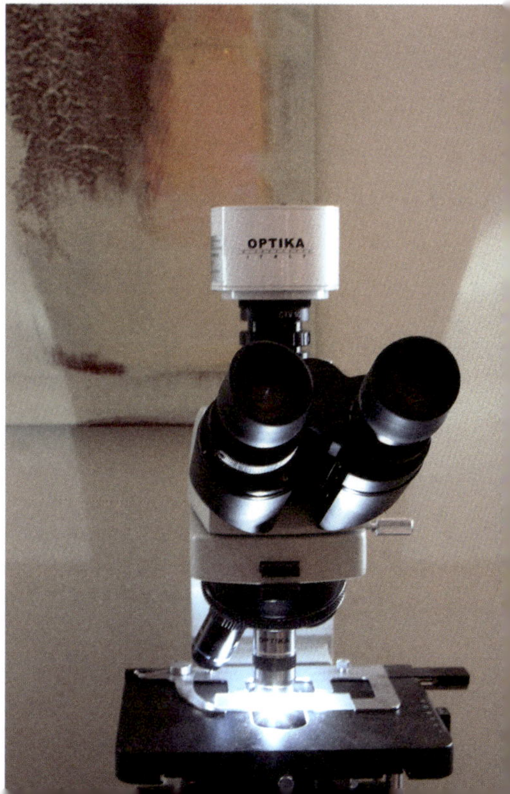

Kurz gesagt, eine PSE-Therapie lohnt sich bei allen Befindlichkeits-, Gesundheits- und Verhaltensstörungen. Die Erfolgsrate ist mit 80% erstaunlich hoch, bei Depressionen noch höher.

Dr. Helge Richter unterstützt die Genesung seiner Patienten auf vielen Ebenen: mit Dunkelfeldmikroskopie wird der Zustand des Patienten beurteilt, der Säure-Basen-Haushalt wird ausgeglichen, auf Geopathien und Elektrosmog-Belastung getestet, mit Nosoden wird alten Infektionen und Impfungen zu Leibe gerückt; wenn es um die Reparatur kranker Körperzellen geht, ist der Einsatz von Horvi-Schlangenenzymen unerlässlich.

Freyung 6/4 · 1010 Wien · +43.1.535 55 55 · www.helge.richter.md

JUDITH POLKE

Leuchtfeuer

Du hast alles erreicht, was du wolltest, und bist dennoch nicht glücklich? Du bist immer wieder krank und man findet keine Therapie, die hilft? Du fühlst dich leer und alles scheint irgendwie sinnlos? Du hast das Gefühl nicht du selbst zu sein?

Wenn eine dieser Aussagen zutrifft und du für dich etwas ändern willst, dann ist Judith Polke da, um dir mit Freude auf die Sprünge zu helfen. Dazu reicht oft ein sanfter Impuls, der dir ermöglicht, wieder aus eigener Kraft voranzukommen – auf deinem individuellen Weg in deiner ganz persönlichen Weise, die du selbst entdecken darfst.

Auch Judith Polke ist einen spannenden Weg gegangen: am 9. 9. 1962 in Wien geboren und völlig außenorientiert, hat sie stets Herausforderungen und Selbstbestätigung gesucht – bei Hochseeregatten, beim Fliegen und im Beruf (als Radiologietechnologin in High-Tech-Medizin und Top-Management).

Am Karriere-Gipfel angelangt begriff sie erst, dass sie am falschen Berg war. Sie entschloss sich umzukehren und endlich den inneren Werten Aufmerksamkeit zu schenken – ihren eigenen und denen aller Mitmenschen. Ihre Kinder Klaus und Isabella waren ihr dabei die wertvollsten Lehrmeister. Sie wurde mit besonderen spirituellen Begegnungen und Ausbildungen belohnt und durfte selbst Heilung erfahren. Die Rückkehr zu einem natürlichen Leben und ursprünglicher Ernährung erleichterten es ihr, die alten Muster loszulassen und dem Rhythmus der Erde zu folgen.

Jetzt darf Judith Polke selbst Leuchtfeuer für andere sein und sie in eine neue Lebensqualität begleiten. Lass uns also gemeinsam mit ihr voll Freude und Leichtigkeit in eine neue Dimension schweben und den göttlichen Funken in uns zum Strahlen bringen.

Weinheimergasse 2/17 · 1160 Wien · +43.0699.125 11 725 · judith.polke@gmail.com

MARGIT THALLER

Die LIEBE wirklich leben

In einem idyllischen Dorf am Fuße des Spitzerberges/ Edelstal wohnt und arbeitet Margit Thaller, eine Energetikerin. Durch das chronische Leiden eines Familienmitgliedes und getragen von einem Gefühl für feinstoffliche Energie kam sie vor 17 Jahren über kinesiologische und spirituelle Kurse und Ausbildungen in Systemischer Therapie und Geistheilung zu ihren medialen Fähigkeiten. Auch die Erfahrung mit australischen Busch-Blüten-Essenzen sowie ihr Potenzial an Intuition haben sich für die Heilung von vielen Beschwerden und Leiden bewährt.

In ihren einfühlsamen Gruppenarbeiten der ganzheitlichen Energiefeldaufstellung wird frei von Urteil wahrgenommen, was meistens belastend im Verborgenen wirkt, und nun gesehen und in Liebe aufgelöst werden kann. Vor zwei Jahren hat sie begonnen, ihr umfangreiches Wissen in Seminaren weiterzugeben. Ihre Hände und ihr Herz schwingen liebe- und lichtvoll für die Menschen, um die Liebe wirklich leben zu können.

Badstraße 28 · 2413 Edelstal
+43.2145.26 63 · mobil: +43.699.190 84 720
www.margit-thaller.at

NUMERASTRO® NUMEROLOGIE UND ASTROLOGIE

untrennbar miteinander verbunden

Numerologie und Astrologie sind ein Messinstrument der Wirklichkeit, das etwas anzeigt, ohne es zu erzeugen. Die Wissenschaft vom Wesen der Zahlen, der entsprechenden Planeten (= Archetypen) und deren Begegnungen in einem Code (in Namen, Nummern und Geburtsdaten) dient uns dazu, individuelle Lebenssituationen zu deuten. Inge Mimlichs Buch „Zahlen (er)zählen – Knacke deinen Code / 366 Geburtstage" ermöglicht es jedem, sich in seiner Kraft zu entdecken und aus dem Vollen zu schöpfen. Es ist ein Nachschlagwerk zum täglichen Gebrauch, das in uns ein „Aha"-Erlebnis wachrufen und eine Tür zur Bewusstwerdung öffnen soll. Es ist ein Wegweiser, der nicht übersehen werden will. Es ist eine Gebrauchsanweisung, sich in andere einzufühlen, um besser miteinander umgehen zu können.

Als Ergänzung zum Buch hat Inge Mimlich ein Legesystem („Lebensbaum") entwickelt. Es besteht aus einer Holzkassette mit Verschluss, Stahlkartonplatten mit dem „Lebensbaum", Magneten mit den Ziffern 1–9 und 0 und einer Gebrauchsanleitung.

Inge Mimlich
Schulstraße 2/5/25
2421 Kittsee
+43.650.990 48 32
www.bestimmung.at

SEELENSTERN JOHANNES DOBLER

Die „Sprache des Herzens“

Die Wahrnehmung unsichtbarer magnetischer Felder, des Fließens von Energie in und um Menschen herum, in Häusern und in der Natur ist Grundlage seiner Tätigkeit als Feng-Shui-Berater, als Erfinder von Produkten zur Raumharmonisierung und als Maler von „Bildern der Seele“.

In „Individuellen Familienaufstellungen“ und Seminaren zeigt er Menschen, wie sie ihre Themen und Probleme über die Verlegung der Aufmerksamkeit vom Kopf ins fühlende Herz – in das was er „inneres Kind“ nennt – lösen können.

Seine Arbeit ist Spiegel seiner inneren Erfahrung – der „Wahrnehmung der Essenz des Lebens“ – jener Kraft hinter dem Atem, die uns das Leben schenkt.

Diese Liebe nimmt er in sich selbst wahr und um sich herum – als magnetisches Feld – als systemische Matrix. Das „innere Kind“ hat Zugang zu diesem System. Es hat eine eigene Sprache – die „Sprache des Herzens“ – es lebt im Jetzt.

Abundància 2010

Fühle wie der Atem dein Herz berührt.
Da ist ein Rhythmus eine Bewegung.
Fühle diesen Rhythmus.
Gib ihm Raum.
Sei dieser Rhythmus,
sei diese Bewegung.
Sei Liebe. Sei du.

Johannes zeigt Menschen, wie sie gemeinsam in eine andere Realität – die er „Seelenstern, die Wirklichkeit der Liebe“ nennt – hineingehen können, um Fragen und Antworten auf alle Themen menschlichen Seins zu finden. Der Seelenstern ist die Grundlage für eine neue Gesellschaft – für ein Leben in Harmonie mit der Schöpfung.

Johannes ist Bauingenieur, Architekt, Feng-Shui-Berater, Erfinder, Therapeut und Künstler. Er arbeitet in Europa, Amerika und Indien.

Er hat Pläne für Ökodörfer, für Häuser und Seminarzentren, die auf Kreisstrukturen und heiliger Geometrie aufgebaut sind, entworfen. Für ihn ist alles miteinander verbunden. Das kleinste Detail findet sich im Großen wieder – jeder Entwurf und jedes Seminar ist ein Kreis im Kreis des Lebens.

Barcelona: +34.650.25 00 35
Wien: +43.699.196 70 767
www.thesoulstar.net
www.laestrelladelalma.blogspot.com

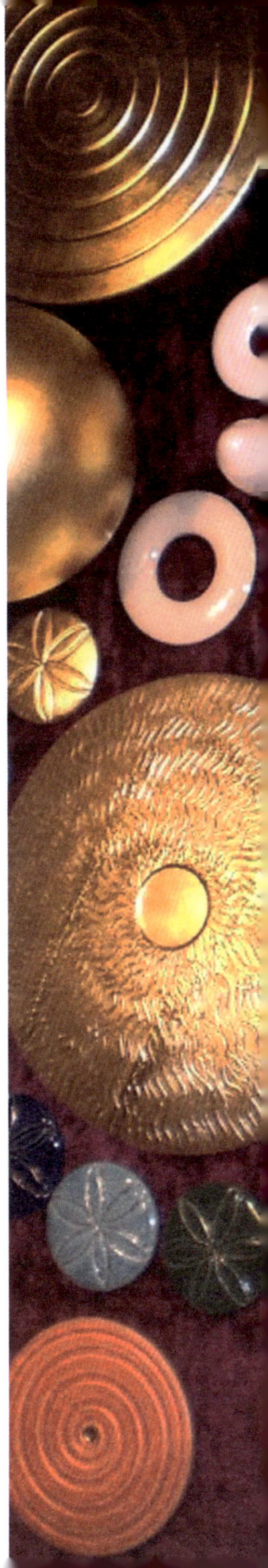

MENTALTRAINING FÜR KINDER UND JUGENDLICHE

„Stärken stärken" und „Schwächen" zu Stärken machen.

Nicht nur die Großen üben sich in mentaler Stärke – auch die Kleinen wissen bereits, wie wichtig ihre Gedanken sind. Die beiden Cousinen Karin Malloth und Claudia Schrammel bringen jungen Menschen mentale Techniken bei, mit denen sie ihr Selbstvertrauen stärken, bremsenden Gedanken ein Schnippchen schlagen und das positive Denken willkommen heißen.

Einzeln oder in Kleingruppen üben sich Kinder und Jugendliche darin, Ängste und Aggressionen abzubauen, wieder mehr Lust am Lernen zu bekommen, eigene Stärken auszuloten und ihre Konzentrationsfähigkeit zu steigern. Und dazu gibt es noch eine gehörige Portion Spiel und Spaß. Die Trainingsmethoden der ausgebildeten Mentaltrainerinnen sind vielfältig: Entspannungs- und Imaginationsübungen, Fantasiereisen sowie körperliche und emotionale Interaktionen. Affirmationen werden auf spielerische Art in Traumreisen bewusst, aber subtil eingebaut und manifestieren sich im Unterbewusstsein. Ziel der Kurse ist es, junge Menschen bei der Entwicklung einer gesunden und selbstbestimmten Lebensweise zu fördern.

Karin Malloth[2] · Neustiftg. 21 · 1070 Wien · +43.699.194 46 622
DI Claudia Schrammel[1] · Tendlerg. 13/19 · 1090 Wien
+43.699.192 55 707 · www.km-training.at

EL-HAQIM

Freund der Weisheit

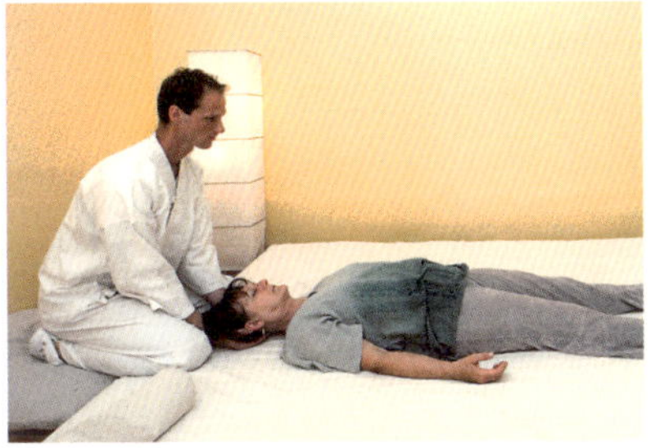

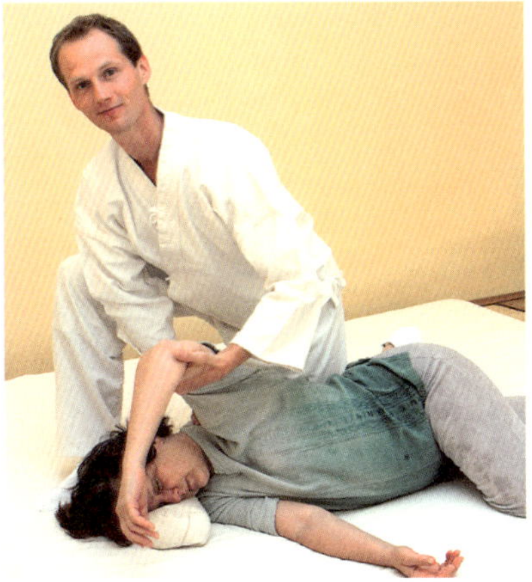

Der Intuition vertrauen.
Den Mittleren Weg gehen.
EINFACH sein. Tief ATMEN.

Auf Reisen durch Europa und Australien lernte ich sprechen. Am Jakobsweg durch Österreich und die Schweiz lernte ich innehalten – staunen – schweigen.

Reisen und Meditation sind meine Lehrmeister. Sie inspirieren mich, Respekt und Dankbarkeit als höchste Werte zu leben. Dabei bemühe ich mich, meinen Anfängergeist und Humor zu bewahren, damit ich dieses Feld von Phänomenen und Perspektiven, das wir „Welt“ nennen, friedvoll loslassen kann, wenn es an der Zeit ist.

Seit einigen Jahren verbinde ich die fließenden Bewegungen der Meridian-Balance mit Einsichts-Meditation. Ohashiatsu und Vipassana. Vom Berühren zum Spüren. Vom Bewegen zum Verstehen.

Die beste Entscheidung meines Lebens: Vegane Ernährung. Mögest du frei und kräftig atmen!

Mag. Michael Weiß · +43.680.112 65 08
mwhakeem@gmail.com

ENERGIE-BEWUSSTSEINS-TRAINING MARIA SPERL

Schlafende Potenziale wecken

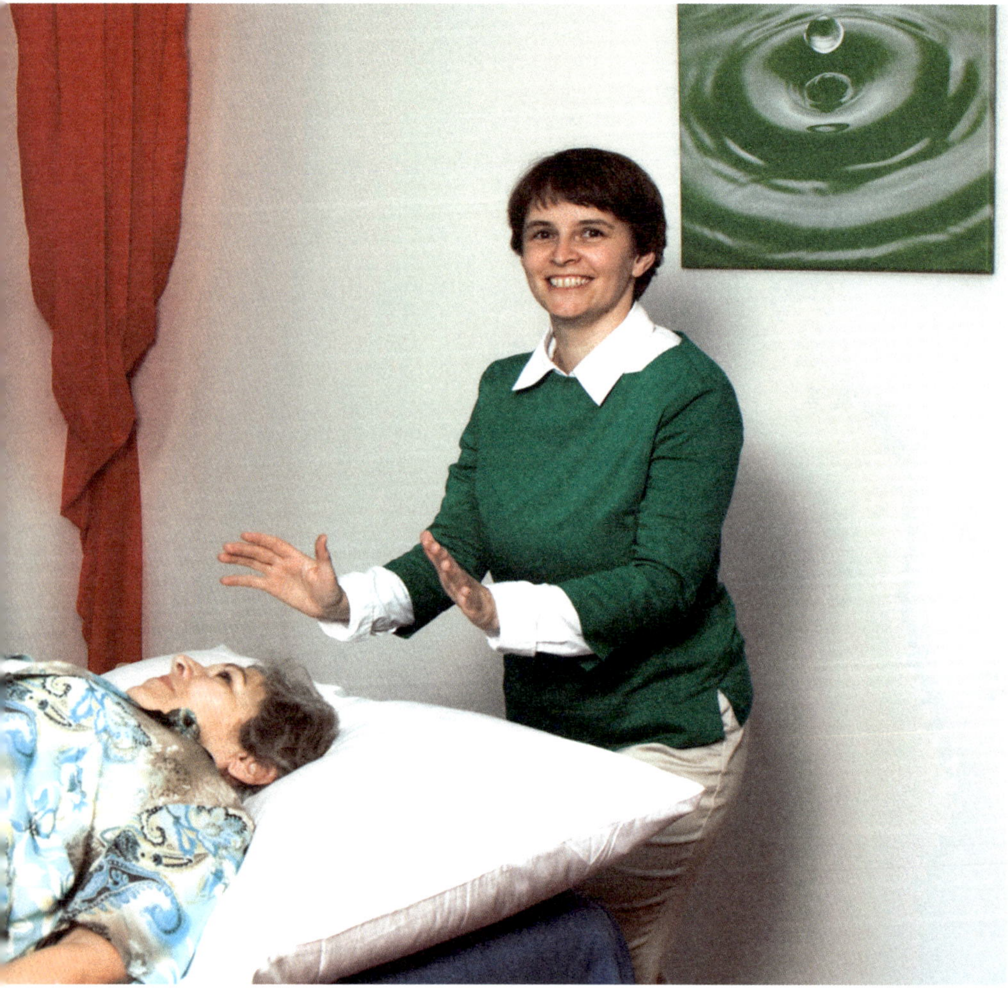

Die Energieräume von Maria Sperl sind eine wahre Lichtquelle. Kaum eingetreten verspürst du ein Strömen von Harmonie und Güte.

Maria Sperl beschäftigt sich damit, schlafende Potenziale zu wecken. Du lernst, diese bewusst zu nutzen. Sie arbeitet dabei vorwiegend mit den Seelen-Ebenen. Verstrickungen zu lösen ist ihr ein großes Anliegen. Du lernst die eigene Intuition zu stärken und bewusst einzusetzen. Erst die Einbeziehung der Seelen-Ebenen verleiht deinen Entscheidungen volle Kraft.

Es werden dir deine unsichtbaren Energiestrukturen bewusst gemacht und mit ihrer Begleitung gewandelt. So manche unangenehme Lebenserfahrung bleibt dir dadurch erspart. Lernerfahrungen, die nicht umgehbar sind, durchschreitest du mit energiereicher Rückendeckung leichter und liebevoller. Unbewusste Imbalance wird dabei ans Licht gebracht.

Neue Erkenntnisse werden frei. Neue Energie-Ebenen entdeckt. Neue Lösungsmöglichkeiten gefunden.

Jaschkagasse 9 · 1230 Wien · +43.664.551 06 81
www.unser-bewusstsein.at

Beispiele von den Workshops:

Die Abbildungen links zeigen eine Seelen-Verstrickung. Zwei Personen können ihre Lebenswege nicht frei beweglich durchschreiten, da sie sich gegenseitig fesseln. Sie haben sich unbewusst durch Machtspiele in eine verquere Situation gebracht. Durch die neue Struktur kann wieder ein In-Beziehung-Treten stattfinden.

Die Abbildungen rechts zeigen sinnbildlich ein Ungleichgewicht zwischen schlafenden und aktiven Seelen-Anteilen. Dieser Zustand laugt aus und krümmt den Körper. Eine Balance zwischen aktiven und schlafenden Anteilen lässt einen in freudiger Körperhaltung durchs Leben gehen.

ENERGETHIKERAKADEMIE LEBENSFLUSS

Vertrauen in die eigene Vollkommenheit finden

„Der einzige Ort im Universum, den wir wirklich ändern können, sind wir selbst.“ Aldous Huxley

Renata Proske und Mag. Eva Buttazzoni arbeiten selbstständig als Energethikerinnen in Wien. Fachgebiete sind die Arbeit mit der 2-Punkt-Methode/Quantenheilung, energetische Wirbelsäulentherapie, energetische Allergiebehandlung, intuitive Energiearbeit und Beratung mit der coaching.disc®. Sie bieten Einzeltermine an, auf Anfrage arbeiten sie auch sehr gerne zu zweit. Ziel ist es, körperlich und geistig gesund zu werden, sowie Glück und Wohlstand auf allen Ebenen zu erreichen.

Ein weiteres Standbein der beiden sind ihre gemeinsamen Seminare und Workshops:

- Ausbildung zum/zur EnergethikerIn
- Ausbildung 2-Punkt-Methode/Quantenheilung
- Ausbildung coaching.disc® für Energethiker
- Aufstellungen mit der 2-Punkt-Methode
- Achtsamkeit und Atem
- Seminarreisen

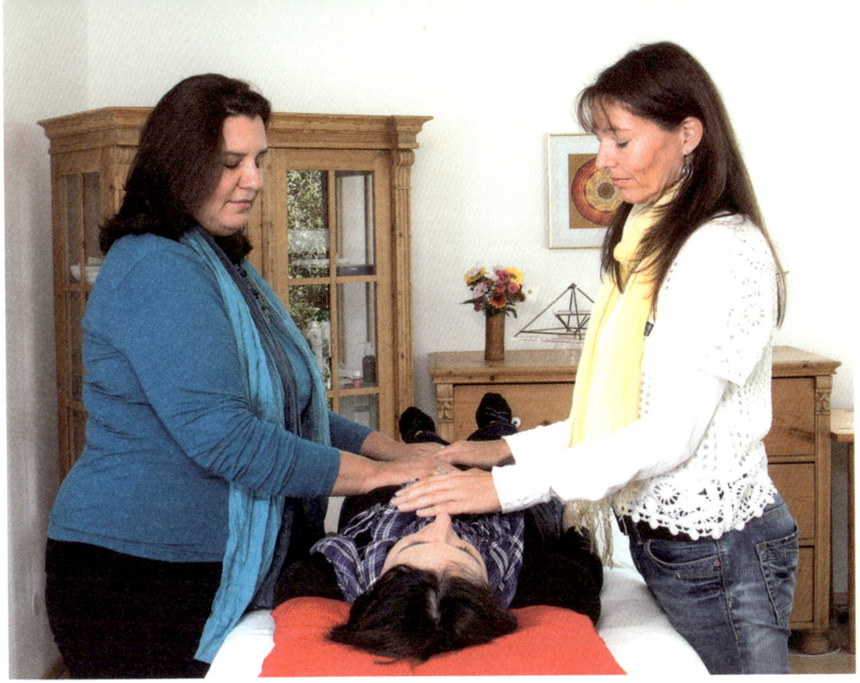

In den Seminaren vermitteln sie verschiedene Zugänge, um die eigene Bewusstwerdung zu fördern, Sensitivität und Medialität zu entwickeln sowie fundiertes Wissen in verschiedenen Methoden der Energiearbeit zu erlernen.

„Wieder in Fluss zu kommen, inneren Frieden und Harmonie erleben zu dürfen, sich von alten, hinderlichen Strukturen lösen zu können, um schließlich wieder ins Vertrauen in die eigene Vollkommenheit zu finden, das wünschen wir unseren KlientInnen und SeminarteilnehmerInnen, und dafür setzen wir unsere Kraft und Energie ein." Gelingt es, die Seele zu heilen, gesundet auch der Körper und oftmals auch umgekehrt.

Renata Proske[1] · +43.664.315 17 01
Mag. Eva Buttazzoni[2] · +43.650.770 22 60
beide: Haussteinstraße 4 / 5. Stk. / Tür 52 · 1020 Wien
www.energethikerakademie.at · www.zweipunktmethode.at

TANJA SOREIA WAGNER

Tanz der alten Götter

Botschafterin der Ursprungsfrequenzen

Als Botschafterin der Ursprungsfrequenzen führt Tanja Soreia Wagner Einweihungen in den Ursprungsnamen und in den Lebenssatz durch. Das Erfahren des Ursprungs, des Grundes des Erschaffens, der größten Fähigkeit und der Aufgabe, die daraus resultiert, führt zu Freude und tiefem inneren Frieden. Eine Einweihung bewirkt eine große energetische Ausdehnung und Bewusstseinserweiterung – eine große Sehnsucht wird gestillt.

Herstellung von Liberty-Essenzen

Energetische Essenzen wirken direkt am Energiekörper. Bevor sich eine Krankheit im Körper zeigt, kann man sie auf energetischer Ebene wahrnehmen und sie auch dort behandeln. Eine energetische Essenz soll den Klienten dabei unterstützen, seine Glaubenssätze und Muster, die ihm nicht mehr dienlich sind, zu erkennen und loszulassen. Dies führt zu einem Bewusstsein, dass jeder Mensch einen göttlichen Kern in sich trägt und hier auf Erden ist um ein Leben in Liebe, Freude, Gesundheit und Fülle zu leben.

Hauptplatz 8 · 2811 Wiesmath · +43.664.735 31 547
www.tanzderaltengoetter.at

HERZKOPF

Radikale Vergebung

Die Kernstücke des Angebotes von Gudrun Rosenstingl sind die von Colin Tipping entwickelte „Radikale Vergebung“ und das Lösen von energetischen Verbindungen zu Erfahrungen in der Vergangenheit.

Das Besondere an „Radikaler Vergebung“ ist erstens, dass sie einfache Abläufe anbietet, mit denen man leicht vergeben kann und dass zweitens durch einen Vergebungsprozess zu einem konkreten Vorfall alle vorangegangenen Erfahrungen zu diesem Thema in ihren Auswirkungen positiv verändert werden.

Ebenso an die Wurzel gehend ist die zweite Methode, mit der Gudrun Rosenstingl arbeitet. Dabei werden in entspanntem Zustand ursprüngliche Erfahrungen zu einer Angst, einem Unvermögen oder anderen Schwierigkeiten aufgespürt und durch Neubewertung aus jetziger Sicht und energetische Maßnahmen so verändert, dass sich die Schwierigkeiten auflösen. Man spürt sofort Erleichterung und fühlt sich wohler. Sehr bald zeigen sich auch positive Veränderungen im Alltag.

Praxis für Psycho-Energethik · www.herzkopf.at
Alseggerstr. 51/24 · 1180 Wien · +43.1.479 70 46

BIRGIT THIEL

Zurück zum Ursprung

Die SERAFINO-Energiearbeit ist eine von Birgit Thiel gechannelte Energie-Arbeit mit den Händen, die in der Aura und direkt am Körper angewandt wird. In Einzelsitzungen werden mittels Einhandrute und Zell-Kommunikator energetische Blockaden ausgetestet. Das Ergebnis wird besprochen und entsprechende Blockaden lösende Maßnahmen umgesetzt. Birgit Thiel arbeitet mit SERAFINO-Energiearbeit, NIGIRO Symbolen & Essenzen, Bachblüten, Buschblüten, Klangschalen, Reiki, Pranic Healing, Radionik, Ritualarbeit.

Im 2009 erschienenen Buch „NIGIRO – Zurück zum Ursprung" erklärt sie auf einfache Weise, wie effektiv mit den beinhalteten Symbolen gearbeitet werden kann.

Seit 2007 wird der Serafino-Ausbildungszyklus angeboten, welcher es Menschen ermöglicht, im energetischen Bereich wirksame Methoden und Techniken kennenzulernen und im Praktischen umzusetzen. Diese Ausbildung bietet auch Energethikern und Menschen in anderen helfenden Berufen eine gute Ergänzung.

Pastinakweg 16 / Rh 17 · 1220 Wien
+43.660.340 66 23 · www.serafino.at

AL-MALA KÖRPERARBEIT & ENERGIE-COACHING

... ein sicherer Raum der Geborgenheit

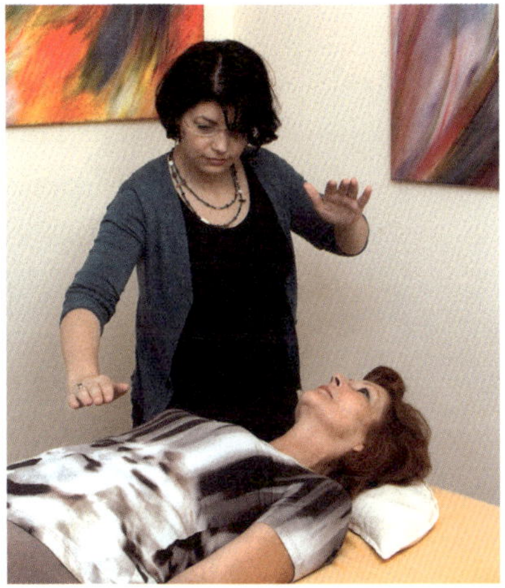

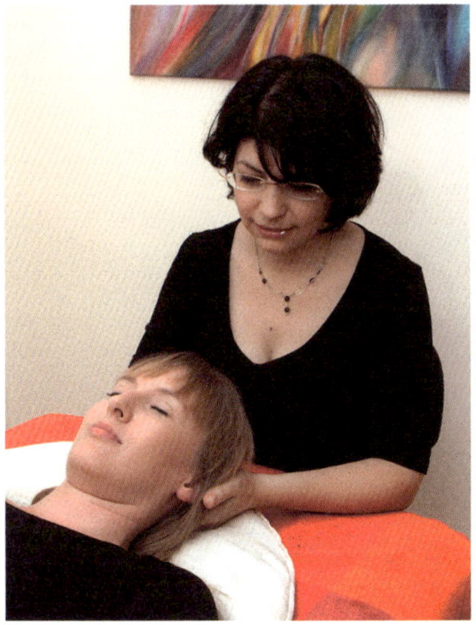

Nach einer Sitzung bei Vera Schwarz fühlt man sich erfrischt und erholt, wie nach einem Spaziergang in einem naturbelassenen Wald. Mit ihrer empathisch professionellen Art schafft sie einen sicheren Raum der Geborgenheit, der es Menschen ermöglicht, sich wieder in ihrer Ganzheit wahrzunehmen.

Neben einer fundierten Ausbildung steht das Außergewöhnliche: Nämlich eine natürlich-intuitive, heilerische Begabung, die bei den Ursachen von seelischen und körperlichen Symptomen oder schwierigen Lebenssituationen ansetzt. In Ihren Einzelsitzungen setzt sie Cranio Sacrale Impuls Regulation, Systemisches Coaching und die Energiearbeit mit Baum-Energien ein. Zusätzlich stellt sie ihren Klienten effektive und im Alltag einfach anwendbare Re-Energetisierungsmethoden zur Verfügung, welche sie selbst entwickelt.

Vera Schwarz ermöglicht Menschen die Erfahrung einer oft in Vergessenheit geratenen inneren Ausgewogenheit und öffnet dadurch behutsam Türen zu Selbstheilung und Eigenverantwortung.

+43.699.181 00 302 · www.al-mala.com

GERHARD WALLNER

Zentrum für Energie, Atem und Bewusstheit

KlangEnergie – mit hochwertigen Klangschalen aus Tibet und Nepal (Fairtrade). Seit Urzeiten ist Klang fester Bestandteil in der Heilkunst vieler Völker. Ein gesundes Lebewesen schwingt in harmonischer Ausgeglichenheit – körperliche oder seelische Beschwerden zeigen, dass Energiefluss/Balance gestört sind. Bei KlangEnergie-Anwendungen breiten sich „heilende" Schwingungen angenehm im Körper aus, nach kurzer Zeit geht die Zelle in Resonanz mit der Vibration, die Zellatmung wird aktiviert und emotionale und mentale Bereiche werden balanciert.

Blockadenlösung, Aktivierung der Selbstheilungskräfte, des Selbstbewusstseins und der Kreativität sind die Folge – Tiefenentspannung und Wohlbefinden zur Gesunderhaltung und Unterstützung von Regenerationsprozessen (z. B. Burn out) stellen sich ein.

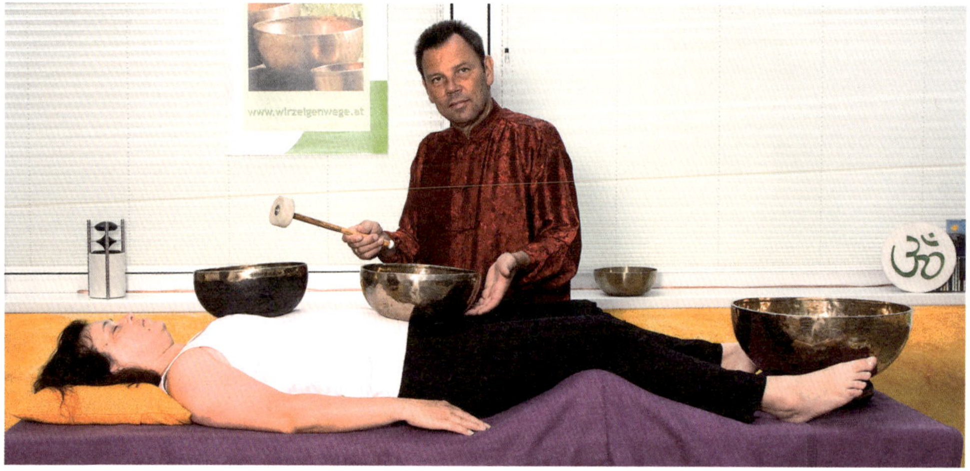

KlangEnergiearbeit ist eine optimale Ergänzung zu klassisch schulmedizinischer oder psychotherapeutischer Behandlung.

Smovey – die grünen „Vibroringe". Viel Spaß und gesunde, heilsame Bewegung von Kindheit an bis ins hohe Alter für Körper, Seele, Geist und Energiefeld für drinnen, draußen, im Gehen, Stehen, Sitzen, Liegen. Empfohlen von Schul- und Ganzheitsmedizin, Ministerien, EnergethikerInnen … Die Aktivierung aller biochemischen Prozesse im Körper wirkt bei vielen Problemen, von der Lernstörung bis hin zu Parkinson! Es werden z. B. 97% der (Tiefen-)Muskulatur trainiert, dadurch u. a. die Fettverbrennung aktiviert, somit das Bindegewebe mobilisiert und Entgiftungsprozesse angekurbelt. Straffung bis hin zum Wohlfühlgewicht ist die natürliche Folge.

Kickerweg 3 · 2752 Wöllersdorf · +43.699.123 10 334
www.wirzeigenwege.at · www.smovey.spüren.at

LICHTREICH

Melitta Anscheringer und ihr Lichtreich

Den Lebenstraum zu verwirklichen ist oft nicht ein Ziel, das man sich vornimmt, sondern man wird vom Leben hingeschubst. Genauso war es bei Melitta Anscheringer und ihrem Lichtreich. Wie viele andere Menschen musste sie erst durch große Lebenskrisen gehen, um den Weg zur Spiritualität zu finden. Den bisherigen Höhepunkt und tatsächlichen „Lebenstraum" konnte sie sich im Mai 2012 mit ihrem Lichtreich erfüllen: in Neusiedl am See fand sie den langgesuchten Raum, um endlich als Humanenergetikerin zu arbeiten. Doch auch der langgehegte Wunsch, den Menschen eine Anlaufstelle zu bieten, wo sie ihr spirituelles und esoterisches Interesse befriedigen können, wurde damit erfüllt.

So finden mehrmals wöchentlich Vorträge und Workshops zu verschiedensten Themen gesundheitlicher und esoterischer Art im Lichtreich statt. Der Verkauf von esoterischen Waren, Gesundheitsprodukten, Steinen und Mineralien, Silberschmuck, Ethnostyle-Bekleidung, Räucherwerk, Engelssprays und vielem mehr geben dem Lebenstraum einen wunderbaren und lebendigen Rahmen.

Untere Hauptstraße 22 · 7100 Neusiedl am See
+43.2167.311 45 · www.lichtreich.org

ELFRIEDE HAASS-EHRENFELD

Kommunikation öffnet Türen

Ein neues Kommunikationsmodell,
das deinen Geist klärt und dich daran erinnert,
wer du bist.

Fröhliche Geistestrainingsrunden
mit unterschiedlichen Kommunikationstools:

- „Ein Kurs in Wundern“
- CQM
- Hologramme
- Remote Viewing und Creality
- Quantenphysik und Filme
- Tun – Sein – Tun – Sein

Gemeinsamkeit stärkt und macht gleichzeitig frei.

Ort und Zeit werden immer neu bestimmt,
es ist ein Teil des Gruppenprozesses.

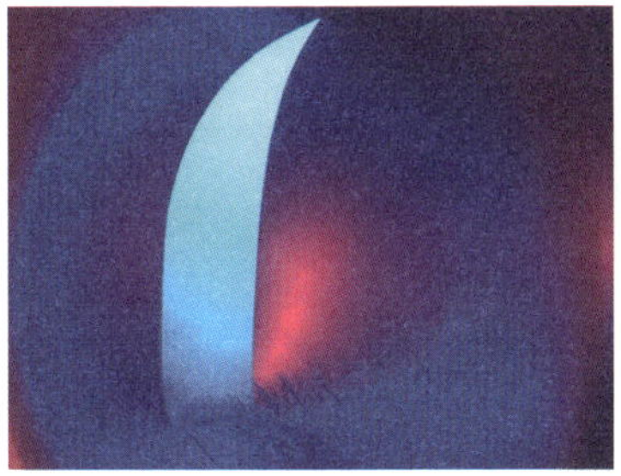

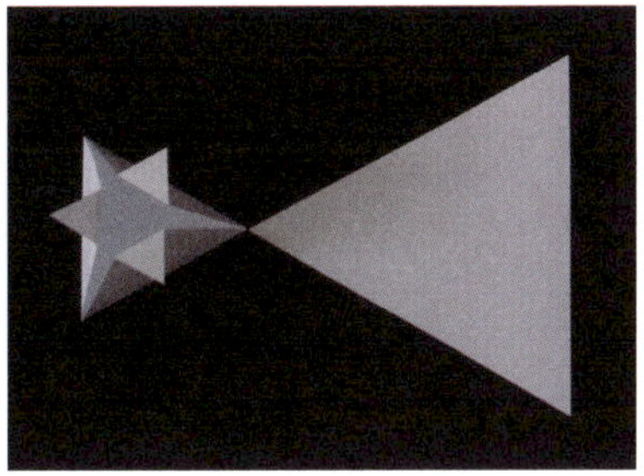

Mit viel Freude dem Leben Ausdruck verleihen,
in der Erinnerung, wer wir sind.

Serviteng. 10/26 · 1090 Wien · +43.681.105 38 919 · www.liebeelfriede.at

MASSAGETHERAPIE ROTH

Eine Familie, die sich das Heilen zur Berufung gemacht hat

Drei Menschen – zwei Generationen – eine Philosophie:
Lehel, Enikö & Martin Roth

Im Westen Wiens findet man ein Behandlungs-Team und ein Familienunternehmen, dem die Kraft der Berührung bewusst ist und das sich zur ganzheitlichen Betrachtungsweise ihrer Klienten bekennt. Martin, Lehel und Enikö sind erfolgreiche manuelle Praktiker, die in ihren Behandlungsmethoden die menschliche Kommunikation und aufrichtige Berührung verbinden.

Martin, seit über 20 Jahren Massagetherapeut, erkannte schon früh, wie wichtig die Ganzheitlichkeit von Körper, Seele und Geist ist und er nimmt die Menschen und ihre Schmerzen als Einheit wahr. Das über Jahre angesammelte Wissen und die Erfahrung gab er als Lektor an der Universität Wien weiter, doch er beschränkt sich mittlerweile auf Grund von Zeitmangel auf Workshops. Diese Erfahrung schätzen besonders die Patienten und sind froh, in diesem Team Therapeuten zu wissen, die ihnen das Medizinerlatein verständlich machen.

Lehel lässt den Elan der Jugend in seine Arbeit einfließen und kombiniert dies mit dem richtigen Gespür. Die Erfahrung sprüht regelrecht aus ihm heraus und aufgrund seiner vielfältigen Fähigkeiten gibt auch er schon seine Erkenntnisse als lehrberechtigter Heilmasseur weiter.

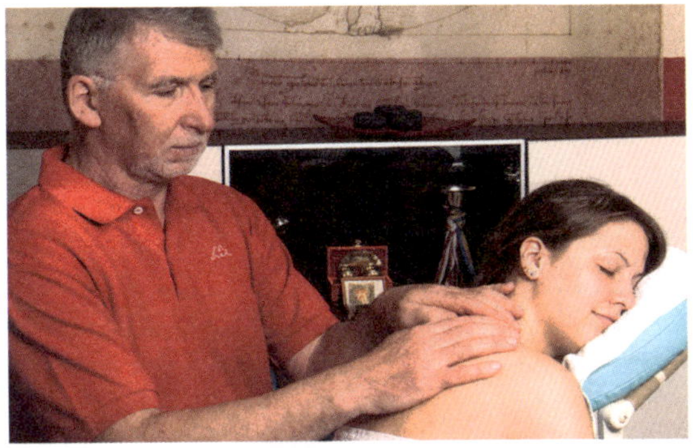

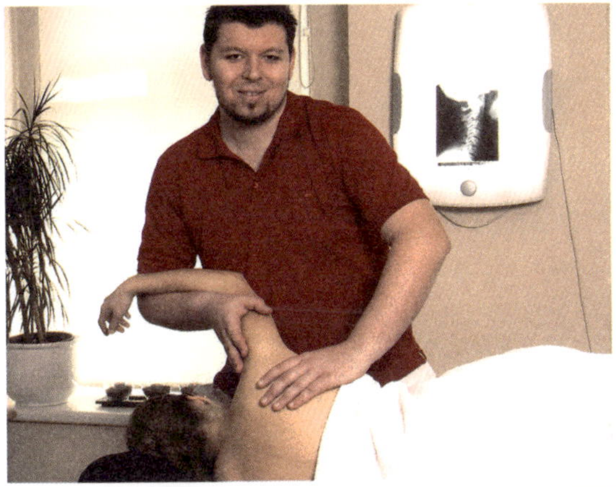

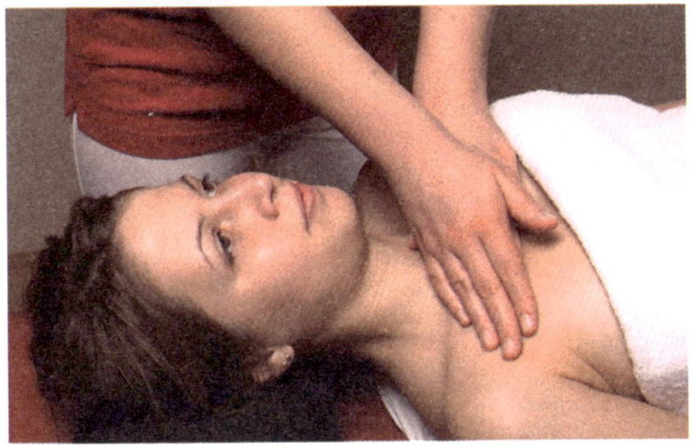

Den weiblichen Part bildet Enikö, eine Masseurin und Physiotherapeutin in Ausbildung. Ähnlich wie bei Lehel schätzen die Klienten ihre aufmerksame Berührung und ihr wunderbares Einfühlungsvermögen. Enikös Ziel ist es, die Methoden optimal zu vereinen, um eine ganzheitliche Wirkung zu erreichen.

Ein idealer Ort, um der Großstadthektik zu entfliehen und Körper, Seele und Geist zur Ruhe kommen zu lassen.

Hettenkofergasse 19/3 · 1160 Wien
+43.1.956 03 64 · www.massagetherapie.at

ERFOLG DURCH HARMONIE

Ein Schritt zu sich selbst

Was ist die Definition von Erfolg? In unserer westlichen Welt wird Erfolg gerne wirtschaftlich definiert. Ich finde, wirklich glücklich fühlt man sich jedoch nur dann, wenn man echte Zufriedenheit und Ausgeglichenheit spürt.

Meine Definition von Erfolg ist daher ein Zustand, in dem ich mich als Mensch gut leben kann. Das bedeutet auch, mein Wissen und meine Fähigkeiten so einzusetzen, dass ich auf dem Weg zum Glücklich-Sein möglichst vielen Menschen davon erzählen und ihnen damit Anstöße für ihr eigenes Leben geben kann.

Erfolg durch Harmonie ist

- Yoga in Einzel- und Gruppenunterricht
- Ayurveda, die Lehre vom gesunden Leben in Harmonie mit sich und der Umwelt
- Klang-Massage und Meditationsabende
- Begleitung in Zeiten der Veränderung, wenn sich Glück und Erfolg sehr weit weg wähnen

Pamela Rani Neuberger-Schmidt
Hauptstraße 11/1 · 7201 Neudörfl
www.erfolg-durch-harmonie.at

GERDA KOPA ATEM- & BODYMANAGEMENT

Der Atem ist Leben

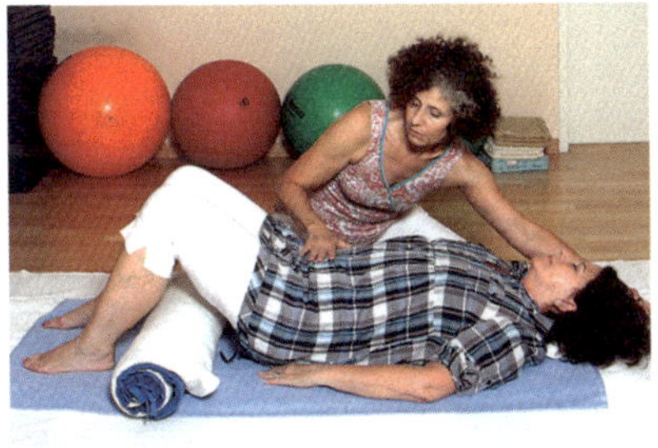

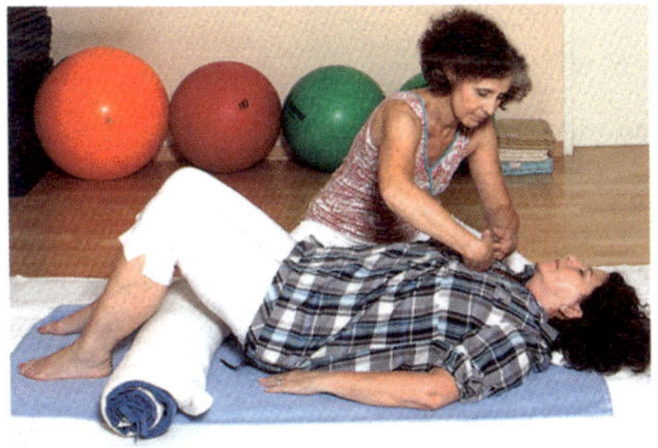

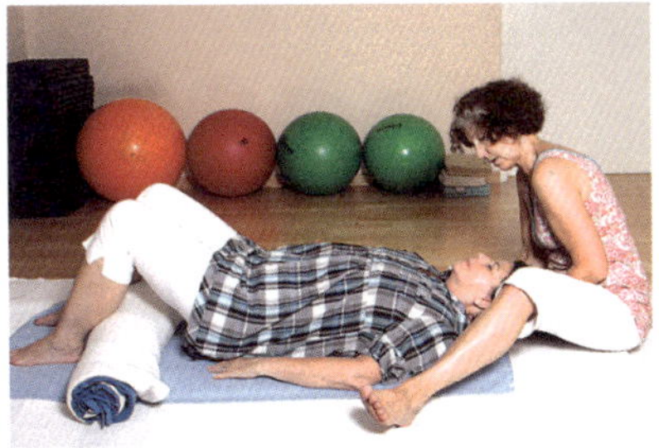

Das ist Eintauchen in die Welt des Atems und Freiheit in der Bewegung finden.

Wahrnehmungsübungen, Bewegungen, Berührungen, mit der Stimme Atemräume wecken. Spannungen lösen sich und der frei fließende Atem unterstützt uns in Heilungsprozessen, fördert unser Körperbewusstsein und bringt uns Energie und Lebendigkeit sowie innere Ruhe und Verbindung mit unserem Ich. Integrative Atemarbeit unterstützt körperliche und seelische Prozesse.

Die Atmung nimmt eine Schlüsselstellung ein, wenn es um Entspannung, Umgang mit Ängsten oder Erschöpfung geht.

Gerda Kopas Bewegungskonzept entlastet Ihre Wirbelsäule, macht Sie beweglich, befreit Spannungen in Gelenken, spürt Fehlstellungen auf, um die täglichen Anforderungen mit Leichtigkeit zu bewältigen. Auf Ihre individuellen Bedürfnisse bedacht, begleitet und unterstützt sie Sie einfühlsam und lösungsorientiert.

Albertgasse 13–15 · 1080 Wien · +43.664.183 93 32
www.bodymanagement.at

YOLATES STUDIO

Yolates kann das Leben verändern

Die Kommunikationswissenschaftlerin, Managerin und Persönlichkeitsberaterin Dr. Irmina Boltenstern hat ein Konzept zur persönlichen Lebensführung entwickelt – eine neue Form der Bewegungsphilosophie.

Namentlich ist Yolates eine Umarmung von Yoga und Pilates. Inhaltlich ist es weit mehr als das, es ist das Zusammenspiel von Körper und Geist. Praktisch ist es eine Bewegungsphilosophie.

Bei Yolates geht es darum, über Körperarbeit in den Kopf vorzudringen. Es ist der Körper, der die Information liefert, die der Geist verarbeitet. Der Mensch glaubt immer, was er denkt, entstehe allein im Kopf, alles was er weiß, komme aus dem Verstand und alles, was entsteht, verdanke man den Gedanken. In Wahrheit zeigt der Körper dem Geist, wo es langgeht. Was der Geist formuliert, hat der Körper schon lange vorher empfunden. Die Gedanken sind bloß das Ergebnis und fassen in Worte, was der Körper diktiert. So hat es die Natur eingerichtet.

Yolates folgt diesem natürlichen Weg und hilft, mit Körperübungen Probleme zu lösen oder sie erst gar nicht entstehen zu lassen. Probleme jeder Art und Größe, von Verspannungen bis Übergewicht, von Alltagssorgen bis Lebenskrisen. Und das in jedem Alter.

Die Entwicklung der eigenen Persönlichkeit ist geschlechts-, berufs- und altersunabhängig. Jeder bekommt mit „Yolates“ Werkzeuge in die Hand, mit denen er das reparieren oder vermeiden kann, was den Lebensablauf und das Wohlgefühl in Unordnung bringt. Yolates frisst keine Zeit, um seine Wirkung zu zeigen. Es ist eine Dauerlösung, und der Erfolg ist in kleinen Schritten sofort spürbar. „Schon nach dem ersten Termin, nach den einfachsten Übungen, erkennen die Klienten, wie sie Yolates einsetzen, in den Alltag einbauen und nutzen können.“

Dr. Irmina Boltenstern
Institut für integratives Körperbewusstsein
Aufhofstraße 84/38 · 1130 Wien
+43.664.143 05 86
irmina@boltenstern.at
www.yolates.at

SHIATSU KERNSTÜCKE

Berührt werden – Spüren – Sein

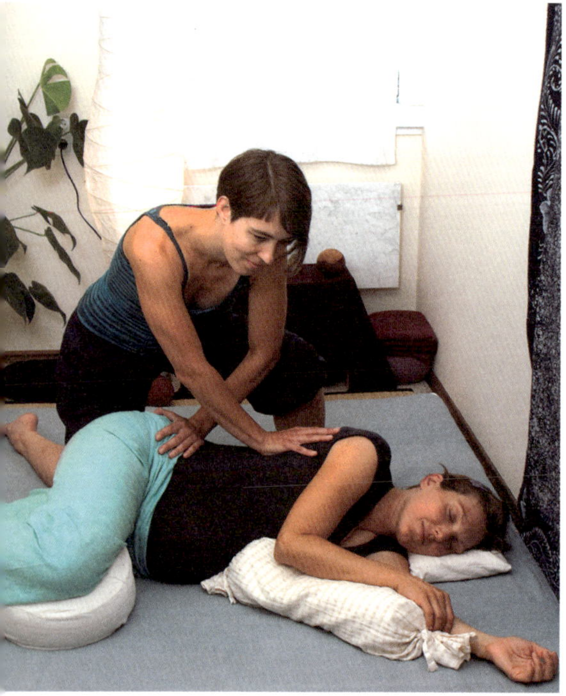

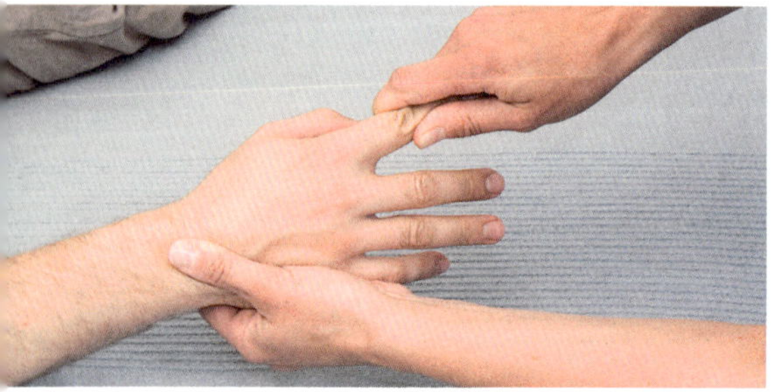

Berührt werden ist ein Grundbedürfnis aller Menschen und kommt in unserem Alltag häufig zu kurz. Durch gezielte Berührung können wir uns bewusster spüren und so wieder in Kontakt mit unserer Lebensenergie kommen. Shiatsu bedeutet „Fingerdruck“ und ist eine Massageform, die ihre Wurzeln in der fernöstlichen Medizin hat. Durch Berührung und Druck entlang der Meridianlinien kann energetischem Ungleichgewicht entgegengewirkt werden.

Nach Abschluss der mehrjährigen Shiatsuausbildung und einem einjährigen Aufenthalt in Indien, wo sie ehrenamtlich in der medizinischen Versorgung der Landbevölkerung tätig war und sich dem Studium des Buddhismus widmete, nahm Nina Baresch 2007 ihre Tätigkeit als diplomierte Shiatsupraktikerin auf. Anfangs in Wien, seit 2009 in Stockerau tätig, spezialisierte sie sich auf die Behandlung von Schwangeren, Babys und Kleinkindern.

Nina Baresch
Fischer-von-Erlachgasse 4 · 2000 Stockerau
+43.680.120 85 47 · www.kernstuecke.at

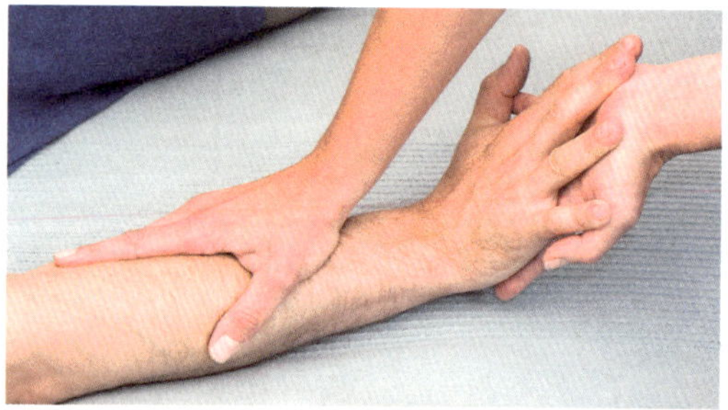

CHRISTIAN BARTES

Massage-Energiewelt

Christian Bartes betreibt seit Jahren Sport im Ausdauerbereich, angefangen von 10-km-Läufen, Marathon bis hin zum Triathlon (Ironman) – und das mit Leidenschaft. Natürlich auch wettkampfmäßig.

Er ist seit zehn Jahren Heilmasseur und seit drei Jahren erfolgreich selbstständig mit der Klassischen Massage und vielen Zusatzmassagen und Anwendungen im Energiebereich wie z. B. Klangschalen-Massage, Hotstone-Massage, Reiki uvm. Auf seiner Homepage finden sich fast alle Anwendungen, die er zurzeit anbietet. Ihm ist der Mensch im Einzelnen sehr wichtig, er möchte jeden Menschen unterstützen, wieder in die eigene Mitte, in die Balance zu kommen. In seiner Praxis kann man abschalten und Urlaub mitten in Wien machen …

Rautenstrauchgasse 6–16/5/23 · 1110 Wien · +43.699.192 28 000
www.christian-energie-bartes.at

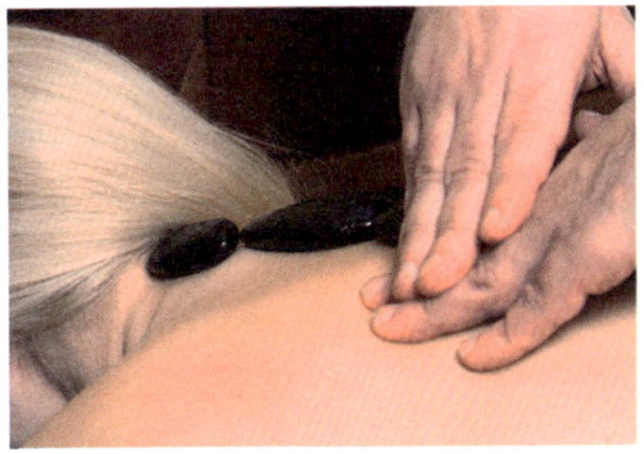

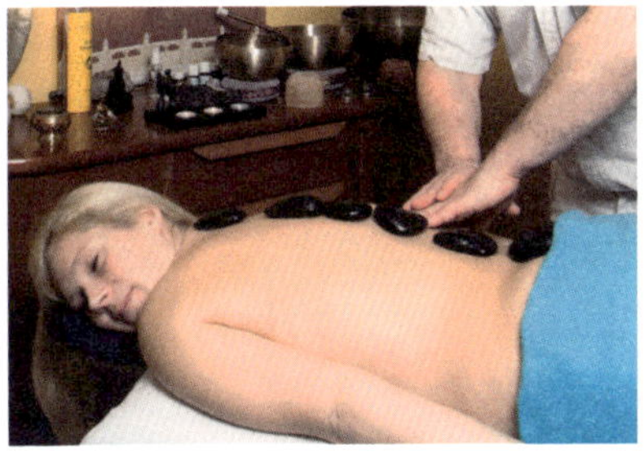

EVA-MARIA NEUMANN

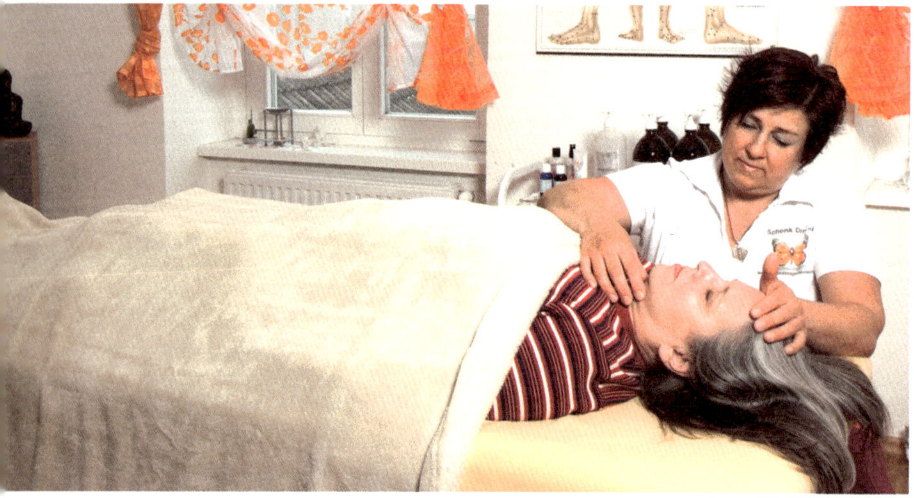

Cranio-Sacrale-Balance und Akupunkt-Massage

Es macht sich unmittelbar ein Gefühl des Wohlbefindens breit, die Lebensenergie wird ausgeglichen bzw. stabilisiert. Unruhe, Erschöpfung und Schmerz wird bewusst entgegengewirkt; Blockaden, die den Energiefluss stören, werden durch die spezielle Anwendung der Akupunkt-Massage beseitigt.

Eine Narbe kann einen großen Störfaktor darstellen und somit Auslöser verschiedenster Beschwerden sein. Narben-Entstörung verschafft zunehmende Erleichterung oder Beseitigung verschiedenster Beschwerdebilder. So finden Sie zu einem wohltuenden Körpergefühl sowie zu einem neuen selbstbestimmten Empfinden.

Durch gezielte Unterstützung wird ein sicheres Gefühl von Gesundheit und Wohlbefinden aufgebaut: eine Möglichkeit, auf köperlicher, emotionaler, geistiger und seelischer Ebene selbstregulierend einzuwirken.

Gönnen Sie sich eine Zeit der Ruhe und der Stille.

Ungargasse 29/19 · 1030 Wien · +43.660.46 13 713
www.heilmassage-neumann.at

ANGISMA

Partnermassage für alle Sinne

Zu einem erfüllten Leben gehört für fast alle Menschen auch eine glückliche Partnerschaft. Was gehört nun dazu, um dem Partner seine Liebe, Zuneigung und Wertschätzung zu zeigen? Auf jeden Fall zärtliche Berührungen, die dem anderen Wohlbehagen und Entspannung schenken. Eine gekonnte Ganzkörpermassage ist wohl der Gipfel an sinnlichem Erleben, wohlgemerkt für beide Seiten!

Das Team von Angisma (das Wort kommt aus dem Griechischen und bedeutet Berührung) hat es sich zur Aufgabe gemacht, Paare innerhalb weniger Stunden in der „Partnermassage für alle Sinne“ zu schulen. Im Vordergrund des Einzel- bzw. Gruppencoachings steht neben den einfach zu lernenden Grifftechniken die liebevolle Kommunikation. So wird das sich gegenseitig Massieren zu einer Entdeckungsreise des Partners und sich selbst.

Veranstaltungsorte: Wien und Umgebung

Cosima Adletzberger & Günther Panek
+43.699.111 28 090 · www.angisma.at

WAS IST SCHAMANISMUS?

Reisen mit der Seele

Der Schamanismus erlebt in den letzten Jahren einen regelrechten Boom. Zeitungen, Radio und Fernsehen berichten regelmäßig über Schamanen im In- und Ausland und über deren manchmal fast seltsam und magisch anmutende Sichtweisen und Praktiken.

Schamanismus beruht auf dem einfachen Prinzip, dass hinter der sichtbaren Welt eine unsichtbare, immaterielle „Anderswelt" existiert – und dass sich Veränderungen in der Anderswelt auf die „normale Welt" auswirken. Der Schamane ist in der Lage, seinen Bewusstseinszustand so weit zu ändern, dass er in diese Anderswelt reisen kann.

„Schamanisches Reisen" ist also ein Begriff für die Veränderung des Bewusstseins. Laut Überlieferungen hat dieses „Reisen mit der Seele" eine jahrtausendealte Tradition – es wurde in allen Kontinenten, von fast allen Kulturen der Welt praktiziert. Bei uns in Europa sind die letzten Schamanen mit der Christianisierung und Inquisition verschwunden.

Der Schamane empfindet bei seinen Reisen in die Anderswelt ähnlich, wie wenn wir uns ruhig hinsetzen, die Augen schließen und dabei an unseren letzten Urlaub denken. Der Unterschied liegt allerdings darin, dass sich die Bilder und Empfindungen beim schamanischen Reisen verselbständigen. Das heißt, ein Schamane agiert und reagiert, wenn er sich in der Anderswelt befindet.

Das Erlernen schamanischer Praktiken ist relativ einfach – jeder Mensch trägt das Potenzial in sich, so wie z. B. jeder Mensch ein Musikinstrument lernen kann. Es geht also nur um die Entscheidung. Doch weshalb sollte man sich dafür entscheiden?

Der Nutzen schamanischer Praktiken in unserem westlichen Lebensalltag ist vielfältig – am wichtigsten sind meines Erachtens: Man erhält im eigenen Leben mehr Ausgeglichenheit und Stabilität – man lernt der inneren Führung zu vertrauen und die eigene höhere Vision zu leben – und man beginnt einfach zu wissen, dass der Tod nicht das Ende ist!

Schamanische Praktiker integrieren die „Anderswelt" ins reale Leben. Durch ihr volles Vertrauen auf die innere Führung und Beachtung der Hinweise, die sie aus der Anderswelt bekommen, können sie auch zu weisen Begleitern ihrer Mitmenschen werden. Ihre Aufgabe besteht darin, die „Kraft" zu mehren und jene Energien zu entfernen, die negative Auswirkungen auf uns haben. Ob dies nun im eigenen, privaten Rahmen geschieht, oder ob man es zum Beruf macht, liegt in der Entscheidung jedes Einzelnen.

Ob so oder so – eines ist sicher: Nach mehr als 500 Jahren Verbannung ist es Zeit, dass der Schamanismus auch in unsere westliche Welt zurückkehren und wirken darf!

DER AUTOR

Kurt J. Fenkart ist einer der profiliertesten Vertreter eines modernen, lebendigen Schamanismus. Seine Forschungsreisen führten ihn u. a. nach Peru, in die USA, Kanada, Ladakh, Nepal, Mongolei und Bali, wo er faszinierende Erfahrungen mit den schamanischen Traditionen sammelte. 2005 gründete er die Schamanismus-Akademie, um Schamanismus in einer für den westlichen Menschen praktizierbaren Form zu unterrichten.

Buchtipp: „Auch Du bist ein Schamane" und „Die Geister des Schamanen", beide im Ansata-Verlag erschienen.

www.schamanismus-akademie.com

WIRKENDE KRAFT KATHARINA LINHART

Schamanisch praktizierte Energiearbeit – Karmaablösungen – Rückführungen

Energie leitet sich vom griechischen Wort „energia“ ab und bedeutet : „wirkende Kraft“. Dafür stehen verschiedene Methoden des energetischen und schamanischen Kontexts, um den Einzelnen auf einer ganzheitlichen Ebene mit all seinen Gewahrseinsebenen zu erfassen.

Energetische Arbeit kommt immer dann zum Tragen, wenn der Mensch sich entschließt, auf seinen Körper und seine Seele zu hören und sich der inneren Stimme und den eigenen Selbstheilungskräften zuzuwenden. Dadurch ergibt sich die Möglichkeit, diese zu aktivieren, um frei von Glaubenssystemen, frei von angstbesetzten Erinnerungen die eigene Autorität und Authentizität anzunehmen.

Wenn das eigene Sein wieder voll in Besitz genommen wird, dann ist die Verhaftung in Dogmen, Gesellschaftsnormen und Vorstellungen von anderen nicht gegeben. Es gilt sich zu spüren, zu erfahren und seinem Selbst- und Spiegelbild zu begegnen.

So kann das Potenzial, das jeder in sich trägt auf allen drei schamanischen Ebenen (Unterwelt – Ritualplatz, Mittelwelt – Ahnenreich und Oberwelt – Geistführer) zur Entfaltung kommen.

Schamanismus ist eine Lebensweise, die jeder von uns für sich einsetzen kann, um das Bestmögliche aus sich und seinen Fähigkeiten zu machen. Neben den Krafttieren, Lehrern und anderen Helfern aus den feinstofflichen schamanischen Welten unterstützen Methodiken aus der Energetik, geführte Reisen und Rituale den Einzelnen auf seinem Weg zur spirituellen Weiterentwicklung.

Wienergasse 2 · 2380 Perchtoldsdorf · +43.664.385 12 38
www.wirkendekraft.at

BRIGITTE & THOMAS MANHARTSBERGER

Spiritualität als Teil des Lebens

Wir sind viel verbundener und integrierter im Universum eingewebt als uns im Alltag bewusst ist. Mittels unserer Gedanken und Taten erschaffen wir buchstäblich unsere ganz persönliche Welt. Diese Welt wirkt wiederum auf uns zurück. Wir bewegen uns innerhalb ganz bestimmter und veränderbarer persönlicher und kollektiver Felder.

Über Herzöffnung, Selbsterfahrung, Versöhnung und Schulung der eigenen Wahrnehmung wird erstens der persönliche Kraftkörper gestärkt und zweitens können Wirkprinzipien erfahrbar gemacht und verwandelt werden. Dies verändert den Inhalt und die Ausrichtung des Lebens. Wir erleben uns nicht mehr als abgeschnitten, alleine und als Opfer der Umstände. Wir erlangen vielmehr auf fundamentale Art und Weise unsere ureigene Aufgabe und Sinnfindung, unsere Erneuerungs- und Selbstheilungskräfte zurück.

Gelebte spirituelle Praxis und guter Kontakt zu sonst nicht gelebten Kräften verdienen eigene Zeit und Raum. Die Verbindung mit dem Herzen und den eigenen Gefühlen führt dabei zu einem „WUNDERvolleren" Leben und Sein. Auf diesem individuellen Weg zu sich selbst werden Menschen von Brigitte und Thomas Manhartsberger begleitet. Seit 2003 arbeiten sie körpertherapeutisch

und schamanisch mit Klienten in Einzelarbeit und Gruppen. Sie leiten Meditationen, bieten Heilrituale, Schwitzhütten, Selbsterfahrung, spirituelle Wanderungen und Workshops an.

Limpia Schamanische Essenzen

Limpia ist eine aus Pflanzenextrakten hergestellte Essenz. Mittels eines schamanischen Rituals, das über einen ganzen Jahreszyklus verläuft, werden von Brigitte und Thomas Pflanzen, Wurzeln, Kräuter, Rinden, Blätter und Blüten gesammelt. Daraus entsteht ein Aura- und Energiespray, der zur Klärung und Reinigung, für Schutz und Stärkung eingesetzt wird.

Ledererg. 23 · 1080 Wien · www.manhartsberger.at · www.limpia.at

PHILOSOPHIE · LIFE BALANCE · SPACELAND · ENERGY PHOTOGRAPHY

LUST
LEBEN S KUNST
ART

THERMALQUELLE LOIPERSDORF

Loslassen, Erleben und Stärken

Loslassen, Erleben und Stärken – das sind die drei essenziellen Säulen der Lifebalance à la Loipersdorf. Diese besagt, dass Körper und Seele nur mit der richtigen Dosierung an Loslassen (mentaler Stärke), Erleben (Sport und Bewegung) und Stärken (ausgewogene Ernährung) in Balance kommen und so zu Gesundheit und Wohlbefinden führen.

Wolfgang Wieser (Geschäftsführer Therme Loipersdorf) sieht seinen Daseinszweck darin, Visionen mit Leben zu erfüllen.

Felix Gottwald, Österreichs erfolgreichster Olympiasportler, fand im Laufe seiner Karriere einen Zugang zu inneren Kraftquellen und gibt seine Erfahrungen bei seinen Seminaren in der Therme Loipersdorf weiter. Als Verkörperung des Lebensbereiches „Loslassen“ zeigt die Sportlegende bei seinen Workshops, wie die Erlangung und der Umgang mit mentaler Stärke zum ganzheitlichen Ansatz der Lifebalance à la Loipersdorf beiträgt.

Impulstage

32.400 Sekunden volles Erleben – 32.400 Chancen für die besseren Gedanken, die einem sich selbst und damit seinem wahren Potential näherbringen. Die Fähigkeit, im entscheidenden Moment auf die eigenen Ressourcen zugreifen und vertrauen zu können, erfordert mentale Fokussierung.

In unserer Zeit, in der wir permanent von äußeren Reizen überflutet werden, ist wichtiger denn je, dass wir unsere inneren Impulse wahrnehmen. Das ist die Basis für die gesunde innere Balance, die Körper und Geist in Einklang bringt – und uns für die Herausforderungen des Lebens stärkt. Für alle, die noch einen Schritt weiter gehen möchten, gibt es zwei Intensivseminare.

Re-Source-Tage

Unsere bewegte Zeit fordert von uns immer mehr persönliche innere und äußere Beweglichkeit. Unser Alltag ist ein Balanceakt auf Zeit. Zwischen privaten und beruflichen Lebensbereichen. Zwischen den gesellschaftlichen Rollenbildern und eigenen (Selbst-) Ansprüchen, denen wir gerecht werden wollen. Wir leben in der Online-Gesellschaft. Nur: Wie gut ist unsere Verbindung zu uns selbst? Funktioniert die Standleitung zu unserer eigenen inneren Kraftquelle, aus der wir jederzeit schöpfen können, was wir – oft mit hohem Energieaufwand und dennoch vergeblich – ständig im Außen suchen?

Felix Gottwald weiß, dass der direkteste Weg zu persönlicher Entwicklung, zu Glück, Erfolg und Zufriedenheit nach innen führt.

198.000 Sekunden volles Erleben des eigenen Potenzials – jede Sekunde ist eine Chance, eine tragfähige Verbindung zur inneren Kraftquelle entstehen zu lassen, die alltagstauglich ist.

Trams-Form-Tage

Fühlt man den Impuls in sich, die Kraft seiner inneren Ressourcen auf die großen Ziele im Leben zu richten, sollte man jetzt damit beginnen. Wenn man dazu entschlossen und bereit ist, dann – und nur dann! – sind die Trans-Form-Tage von und mit Felix Gottwald der Start in diese neue Dimension. Wer wir sind und was wir wirklich können: Es sind nur unsere Gedanken über uns selbst und unsere wahren Fähigkeiten, die unserer persönlichen Entwicklung und der Verwirklichung unserer Träume ihre – oft viel zu beengte – Form geben. Trans-Form bedeutet: Persönliche Transformation durch diese inneren Formen und Denkgrenzen hindurch.

Trans-Form ist nicht Mainstream. Trans-Form bedeutet Grenzgang im besten Sinn des Wortes: Diese 255.600 Sekunden Intensiv-Seminar mit Felix Gottwald werden zu den spannendsten Erfahrungen zählen, die man je gemacht hat. Weil man Dinge tun wird, die man sich niemals zugetraut hätte und weil man dabei eine Kraft in sich entdecken wird, die man nie erahnt hätte.

8282 Loipersdorf Nr. 152 · +43.3382.8204 · www.therme.at

B-INFORM

Der Kern des Konzeptes von b-inform ist das „b". Es steht nicht nur für die drei Eckpfeiler body – beauty – bliss, sondern versinnbildlicht auch das, was im Mittelpunkt stehen sollte: Nämlich das „be", das Sein. b-inform ist die Vereinheitlichung der drei wichtigsten Bereiche, wenn es um das Wohlbefinden geht, gelungen: Der Körper, die Schönheit und die innere Glückseligkeit.

b-inform bietet Kurse in Kleingruppen und Anwendungen in höchster Qualität, begleitet von Experten. Ernährungsberatung, Physiotherapie, Osteopathie, Schmerztherapie gehört ebenso zum Konzept wie sich auch ein Arzt im Team befindet. Ohne monatlichen Mitgliedsbeitrag zahlt der Gast nur das, was er auch wirklich konsumiert. Das umfangreiche Angebot von b-inform hält für jeden das Passende bereit und teilt sich in drei Bereiche:

Body – Im Bereich der körperlichen Trainings bietet b-inform Bio-Impedanz-Analyse, um die momentane körperliche Verfassung des Kunden zu bestimmen. Auf Basis dieser Analyse wird gemeinsam ein passendes Trainingsprogramm zusammengestellt. Man hat dabei die Wahl zwischen Yoga, Pilates, Zumba, Tae Bo u. a. Kursen, die sich jeweils auf bestimmte Körperpartien und/oder Kardioeinheiten konzentrieren. Die Klassen werden in Kleingruppen mit max. 10 Personen durchgeführt.

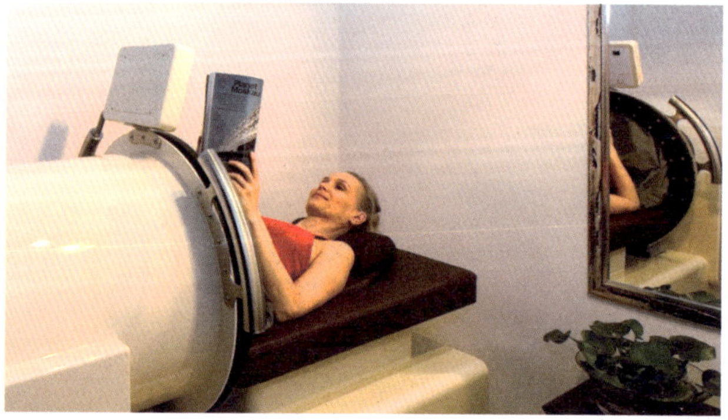

Beauty – Im Bereich der äußeren Schönheit bietet b-inform nachhaltige Anti-Cellulite-Behandlungen, dauerhafte Haarentfernung nach neuester ITPL-Technologie u. v. m. So bringt man sein äußeres Erscheinungsbild zum Strahlen und fühlt sich insgesamt wohler.

Bliss – Um auch die innere Glückseligkeit herzustellen und damit die Schönheit noch mehr zum Strahlen zu bringen, stärkt b-inform mit hochqualitativen Behandlungen aus dem bliss-Bereich: Shiatsu, Ayurveda, Burnout-Präventionen, Massagen aller Art u. v. m. Alle bringen tiefenwirkende und nachhaltige Entspannung.

Mara Tanzer und Verena Kodym-Deutsch
Seitenstettengasse 5 · 1010 Wien · +43.1.532 11 37 · www.b-inform.at

YOGANA®

Geheimrezepturen mit der magischen, geistig-spirituellen Wirkkraft des alchemistischen Goldes

Die Yogano GmbH ist ein kleines österreichisches Unternehmen, das Körperpflegeprodukte aus 100% Natur, basierend auf der altchinesischen Chen-Medizin, an ausgesuchte TherapeutInnen und NaturheilerInnen vertreibt. Sie laufen unter der Marke YOGANA® und entspringen einer Meistertradition der paradiesischen Pazifikinsel Formosa (portugiesisch: schön/wunderbar).

Uraltes, über die Jahrtausende hochgehaltenes, „ewiges“ Urwissen über die enorme Heilkraft von Pflanzen, Mineralien und alchemistischem Gold, deren intelligente Komposition, maximale Veredelung durch Weiterverarbeitung und gezielte Anwendung bilden das Geheimnis des Erfolges dieser hochschwingenden Produkte aus der „Apotheke unserer Mutter Erde“.

Angereichert mit feinstem alchemistisch aufbereiteten 999 Gold als bestem bioelektrischen Leiter, Blockadelöser und Stabilisator der Körperenergien (Chi), entfalten sie über das Meridiansystem ihre einzigartige Wirkung spontan im gesamten Organismus.

Im gegenwärtig sich langsam etablierenden neuen „goldenen“ Zeitalter und dem damit verbundenen kollektiven Erwachen der Menschheit sind sie besonders wertvoll, weil die YOGANA®-Produkte als hochschwingende „Lichtnahrung“ den Organismus

bei den auftretenden Anpassungsschwierigkeiten an die entstehende neue Schwingung und Energie auf unserer Erde unterstützen. Und weil Gold, das edelste aller Metalle, als Bewusstseinsaufheller und „Verbinder mit dem Göttlichen“ bekannt ist und von ihm eine ganz besondere geistig-spirituelle Wirkkraft ausgeht.

Dieses Gold wird in allen klassischen Naturheilverfahren – auch bei Hildegard von Bingen und Paracelsus – außerordentlich hoch geschätzt, weil es den Energiefluss zum Feineren, Höheren und Besseren leitet und Leichtigkeit/Lebensfreude im Organismus wachsen lässt.

Postfach 99 · 1230 Wien · +43.1.923 08 26 · mobil: +43.664.968 84 28
www.yogana.eu

VERRÜCKT NACH SOKRATES PHILOSOPHISCHE PRAXIS

Verstehen und verstanden werden

Am 16. 5. 2011 eröffnete Mag. René Tichy die Philosophische Praxis „Verrückt nach Sokrates". Die Philosophie sollte aus dem Elfenbeinturm herabsteigen und sich um die lebenspraktischen Anliegen der Menschen kümmern. Schon 1981 gründete sein Lehrer Dr. Gerd B. Achenbach weltweit die erste Philosophische Praxis in Bergisch Gladbach bei Köln. Mittlerweile hat sich diese Einrichtung als Alternative zur Psychologie, Therapie und zum Coaching etabliert.

In der Philosophischen Praxis wird keine Professorenphilosophie vermittelt. Sie bietet vielmehr Raum für das Formulieren von Lebensfragen und Lebensproblemen. Der Gast will in der Regel nicht, dass ihm Sokrates, Hegel oder Nietzsche doziert werden, sondern er darf erwarten, dass man bei den Philosophen etwas gelernt hat, was einen jetzt in den Stand setzt, seine Probleme zu verstehen.

Die Menschen, die mit Leiden, Sorgen und Problemen in die Philosophische Praxis kommen, fühlen „das Gewicht der Welt". Das zu spüren, ist zunächst kein medizinisch-psychiatrisches Phänomen, sondern ein Verstehens-Problem. Ein verstandenes Gewicht trägt sich anders als ein Gewicht, das einem nur auferlegt und nicht verstanden ist.

In der Beantwortung von Fragen wie: Warum ich? Wie verkrafte ich Rückschläge und meistere Enttäuschungen? Was ist wirklich wichtig? Wie gestalte ich Beziehungen? Wie bewältige ich berufliche Probleme? Wie gehe ich mit Schmerzen, Leid und Tod um? wollen die Menschen so gut wie möglich verstehen und verstanden werden. In der Philosophischen Praxis wird der Gast ernst genommen als der, der er ist. Um mit Nietzsche zu sprechen: „Ob er wurde, der er ist".

Das Programm der Philosophischen Praxis „Verrückt nach Sokrates":
Philosophische Lebensberatung, Philosophische Diskussionsabende, Philosophisches Frühstück, Philosophische Abende, Workshops, Lesungen …

Kaiserstraße 119 · 1070 Wien · +43.664.162 07 58
www.verruecktnachsokrates.at

CITYBOUND WIEN

Verändere deinen Blickwinkel

Mit der Wahrnehmung beginnt die Suche nach sich selbst und die Entdeckung der anderen. Die Stadt ist eine unerschöpfliche Fundgrube für Wahrnehmungen aller Art.

City Bound Wien lädt dazu ein, die Stadt und ihre EinwohnerInnen aus ungewöhnlichen, horizonterweiternden, nachdenklich stimmenden und aufregenden Blickwinkeln zu erleben und dabei einzigartige Erfahrungen zu sammeln. Durch ausgewählte handlungsorientierte Methoden sollen spielerisch Erlebnisse initiiert werden, die sowohl körperliche, geistige als auch emotionale Ebenen ansprechen. Die Übungen beinhalten die Chance, Offenheit und Aufgeschlossenheit gegenüber Unbekanntem zu üben und den Mut zu entwickeln, auf andere Menschen unvoreingenommen zuzugehen.

Durch die Buntheit und Lebendigkeit der City-Bound-Aktionen soll frische Energie geschöpft und ein freudvoller Zugang zur Welt gefördert werden. City Bound Wien möchte Erlebnismomente mit Tiefgang schaffen, persönliche Grenzen ausloten und „AHA-Erlebnisse“ ermöglichen. Mit dem „Herzen“ zu schauen, hören und sprechen ist ein wichtiges Anliegen im Team und in unserer Arbeit mit Menschen.

www.citybound-wien.at

AURIN SPACELAND

Ein ganz spezielles Universum …

… für ökobewusste Individualisten, Elfen, Gnome und alle anderen Wesen, die sich gerne mit außergewöhnlicher, nachhaltiger Mode und den dazu passenden Accessoires ausstatten. Outfits für den Alltag, elegante Anlässe oder auch für die nächste Party – im Aurin Spaceland werden alle fündig, die das Besondere suchen.

Verschiedenste internationale Labels, die mit ihren einzigartigen Designs bezaubern, laden ein, die individuelle Persönlichkeit mit hochwertiger Kleidung zum Ausdruck zu bringen. Elixiere, Kräutertrünke, Baumessenzen und Öko-Trinkflaschen machen Lust auf sinnliche Genüsse, die das Leben noch lebenswerter machen.

Da wir den Planeten Erde und all seine Bewohner lieben, liegt der Schwerpunkt auf ökologischer Produktion, Naturmaterialien und sozial fairem Handel.

Die guten Seelen des Aurin Spaceland, Nura Kassoume und ihr Team, stehen allen Besuchern engagiert mit Rat und Tat zur Seite. Entspanntes Einkaufen in gemütlicher Atmosphäre!

Kirchengasse 25–27 · 1070 Wien
+43.1.890 65 65 · www.aurinshop.at

PRAMESH

energy photography

Gehörst du zu jenen, die sich beim Anblick von Fotos anderer fragen, weshalb du selbst nicht so fotogen, so gut aussehend bist?

Wir geben es nicht gerne zu, aber auch wir wollen dem mediengemachten Ideal entsprechen und unterwerfen uns seinem Diktat. Diese innere Fixierung auf illusionäre Schönheit bewirkt, dass wir uns nicht so annehmen können wie wir wirklich sind. Sehen wir unser Abbild, fühlen wir uns oft zurückgewiesen, was bedeutet, dass wir uns selbst zurückweisen.

Wahre Schönheit kommt von innen, sie beruht auf dem tief im Inneren wohnenden Gefühl, ein einzigartiger Mensch zu sein. Dieses essenzielle Gefühl ist eine verändernde Kraft, die eine von innen nach aussen wirkende Ausstrahlung bewirkt.

Bei „energy photography", die bei Seminargruppen oder auch Einzelsessions von Pramesh angeboten wird, geht es nicht darum, für ein Foto zu posieren, sondern zuzulassen, einfach „zu sein".

Um der inneren Schönheit zu erlauben emporzusteigen, schafft Pramesh in seinen Einzelsessions mit Hilfe von Musik und Visualisierungen eine Atmosphäre der Entspannung, bis du dich wohl mit dir selbst fühlst.

Diese innere Erfahrung teilt sich der äußeren Erscheinung mit, die sich verändert. Das Spielerische mit deiner inneren Kraftquelle kann bewirken, dass du dich so wie das Bild, das die Kamera festhält, magst. So wie du bist, ein einzigartiges Individuum und wunderschön.

Bei Seminargruppen bewegt die Energie der Gruppe beim einzelnen Wesen ebenso dieses Hervortreten der inneren Gefühle, und es ist oft spannend, das im Nachhinein auf einem Foto zu sehen.

Als professioneller Fotograf mit jahrzehntelanger Erfahrung steht Pramesh für Fotografie von und bei Seminargruppen oder für Einzelfotosessions zur Verfügung. Have camera, will travel …

*Pramesh * Gerhard Friedrich Kunz*
Römerstraße 1 · 2424 Zurndorf · +43.650.811 65 80 · www.pramesh.at

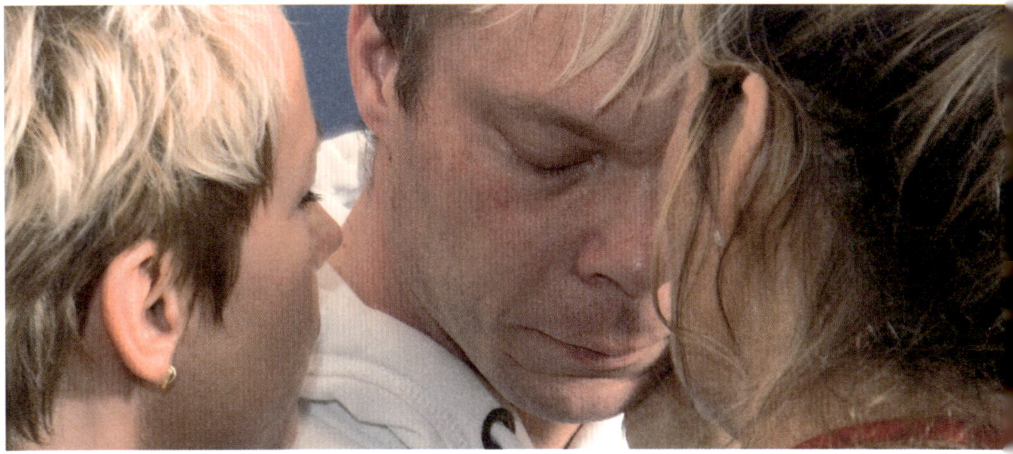

IMPRESSUM

HERAUSGEBER, VERLEGER, MEDIENINHABER

Gerhard Friedrich Kunz
Römerstraße 1
A-2424 Zurndorf – Friedrichshof
+43.650.811 65 80 · www.impetus-edition.at

FOTOGRAFIE

© Gerhard Friedrich Kunz * Pramesh
www.kunzfoto.at · www.pramesh.at

GRAFIK & DESIGN

Raffaella Mayana Romieri
www.seelenraum.net

REDAKTION

Gerhard Friedrich Kunz

BACKOFFICE REDAKTION

Verena Leitgeb

LEKTORAT

Mag.a Karin Lederer

TITELFOTOGRAFIE

Gerhard Friedrich Kunz

TEXTE

Soweit nicht anders angegeben wurden uns die Texte von den portraitierten Unternehmen, Betrieben und Personen zur Verfügung gestellt. Die Rechte dieser Texte liegen jeweils bei diesen, oder bei den erwähnten AutorInnen.

Als Zugeständnis an einen leichteren Lesefluss haben wir in diesem Buch die männliche Form (Kunden, Teilnehmer usw.) oft der korrekt ausgeschriebenen Form (Kundinnen und Kunden usw.) vorgezogen. Ein Kompromiss, bei dem wir auf das Entgegenkommen unser Leserinnen und Leser hoffen und uns hiermit für Ihr Verständnis bedanken.

Printed in Central Europe
ISBN: 978-3-9502545-6-3

Wir bedanken uns für die zur Verfügung gestellten Fotos bei:
© Ewald Pollheimer S.7 alle * © Heinz Beranek S. 18-21 * Cordula Bachner-Beranek S.22/23 alle ausser Portrait * Atelier Deubner S.25 unten links S.26 alle * Claudia Schumm S.28/29 alle * Biotic Institute S.34 oben * Liz Schaur S.39 alle ausser Gruppenfoto * Zinterhof S.41 alle rechts * Verein Adima S.42 Kunstfoto: © Ludwig Dostal * S. 43 Schildkröte: © iStockphoto, Porträt: © Manuel Tauber-Romieri * Institut für Zukunftskompetenzen S.44/45 alle * Institut IANP S.46 alle * © Brigitte Marketz S.47 rechts * Mina Wolff S.56 alle rechts * Amaté College S.57 alle * Seminarzentrum Hyrtlgasse S.61 * Arnold Ehrenfeld S.66 oben * Angela Suscher S.66 unten * Seminarzentrum Hyrtlgasse S.80 oben links, Mitte rechts * Beate Kolouch S.87 alle * Koppensteiner S.91 alle links * © Andreas Hafenscher S.93 Portrait * Gabriele Joham & Pepi Adelmann S.94 * Beate Stojan S.96/S.97 oben rechts * © Helmuth Seidler S.103 oben * Martina Pühringer S.109 alle * S.112/113 Tiger/Schmetterling: © iStockphoto, Porträt: © Jürgen Kiefner * Heinz Beranek S.117 Portrait * Johannes Dobler S.128/129 alle * Gudrun Rosenstingl S.137 links * Elfriede Haass-Ehrenfeld S 143 beide unten links * Irmina Boltenstern S.149 alle * Kurt Fenkart S.155 Portrait * © Gernot Ebenlechner S.156/157 alle * Manhartsberger S.159 alle * Therme Loipersdorf S.162 alle, S.163 alle, ausser unten links, S.164-165 alle * Yogano S.168/169 alle * Citybound S.172 alle * Asha Kollitscher S.175 oben links